Alfred Andersch

Die Blindheit des Kunstwerks

Literarische Essays und Aufsätze

Diogenes

Die vorliegenden Aufsätze bildeten die zweite Abteilung von *Norden Süden rechts und links – Von Reisen und Büchern 1951–1971*, erschienen 1972 im Diogenes Verlag.
Nachweis der Erstveröffentlichungen und Personenregister am Schluß des Bandes

Veröffentlicht als Diogenes Taschenbuch, 1979

40/90/8/2
ISBN 3 257 20593 7

»Das zur äußersten Konsequenz gesteigerte l'art pour l'art-Prinzip transzendiert … sich selber, treu dem Satz der *Wahlverwandtschaften*, daß alles in seiner Art Vollkommene über seine Art hinausweise. Der Vollzug des dem Kunstwerk selbst streng immanenten geistigen Prozesses heißt zugleich: Blindheit und Befangenheit des Kunstwerks überwinden.«

Theodor W. Adorno

Inhalt

Thomas Mann als Politiker

»Thomas, mein Sohn, sei mal so gut«, sprach Johann Buddenbrook und zog sein großes Schlüsselbund aus der Beinkleidtasche. »Im zweiten Keller rechts, das zweite Fach, hinter dem roten Bordeaux, zwei Bouteillen, du?« Und Thomas, der Sohn, wird sich erheben und die Treppen hinabsteigen, in den Keller des Senatorenhauses, in die Tiefen des deutschen Bürgertums, alle Schlüssel in der Hand – aber er wird mehr heraufbringen als zwei Flaschen »goldgelben, traubensüßen Malvasiers«, der in die kleinen Dessertweingläser fließt, damit Pastor Wunderlich »in angenehmen Wendungen« toasten kann. Nein, was da ins Licht gehoben wird, bietet nicht durchaus Anlaß zu heiteren Anmerkungen, Causerien einer Tafelrunde, Trinksprüchen.

Doch so jedenfalls ereignet sich Lübeck im Geiste eines jungen Mannes, der über die Ludwigstraße in München flaniert, vor der Littauer'schen Kunsthandlung verweilt, in den Englischen Garten schlendert, um sich, auf einer Bank sitzend, Notizen zu machen. Nach den *Buddenbrooks* und dem *Tonio Kröger* die Dialoge von *Fiorenza*, die Vision des Feuerschwerts über dem Odeonsplatz, das Unbehagen von Grimmburg, dies und alles andere in die Lebensluft eines sehr menschlichen Humors gehüllt, so daß man an Fontane denken könnte, wenn man nicht aus jeder Zeile ahnte, daß er sich in den Arbeitspausen auf den Diwan wirft, um Nietzsche und Schopenhauer zu lesen.

Das Œuvre erhebt seinen Verfasser sogleich in die geistige Spitze der Nation. Um die gleiche Zeit hat Gerhart Hauptmann bereits mit dem Abfall von den *Webern* begonnen. Er wird noch einige Jahrzehnte hindurch Haupt- und Nebensächliches dramatisieren, eine deutsche Sondererscheinung, bedeutend, aber ohne die federnde Härte der Kunst. Stefan George hat Baudelaire und Mallarmé nach Deutschland gebracht, eine zu schwere Last für seine Gestalt, die in hieratischer Gebärde erstarrt. Hofmannsthal verschließt sich, um offen zu bleiben – man wird ihn erst später erkennen. Gottfried Benn sondiert das Gelände für die expressionistische Phalanx. Aber man liest: Zola, Dostojewski. Man hört: Ibsen, Strindberg. Und zwei Deutsche: Rilke und Thomas Mann.

Dieser schlägt einen deutschen Atlas auf. Die Mengstraße, die thüringische Residenz, das Münchner ›Schönheitsgeschäft‹, ausgeleuchtet vom fahlen Schein der Sils-Maria-Lampe, dem europäischen Schicksalslicht – so vollzieht sich ein Ereignis: der deutsche Roman als Welt-Gestalt. (Wenn man gebildet war, wußte man, daß es den *Nachsommer* gab, und den *Grünen Heinrich*. Aber man *las* das nicht in Paris, London, St. Petersburg, Rom. Es war deutsch. Deutsch hieß: eine skurrile Sonderform, Material für Germanisten. Das änderte sich mit den *Buddenbrooks*.) Das Werk bleibt ein deutscher Kosmos auch weiterhin, trotz der paar Ausländer im *Zauberberg*, trotz der Josefs-Tetralogie. Klaus Heinrich, der kleine Herr Friedemann, Hieronymus, Tonio Kröger, Gustav Aschenbach, Professor Cornelius, Hans Castorp, Joachim Ziemssen, Lotte in Weimar, Serenus Zeitblom, Adrian Leverkühn – ein Zug von deutschen Gestalten, Männern vornehmlich, denn die Damen-Rollen werden gerne mit Slawinnen besetzt: Lisaweta Iwanowna, Clawdia Chauchat. Viele der wichtigsten und schönsten Frauen-Figuren bleiben übrigens am Rande, werden von außen gesehen; Clawdia wird niemals im Selbstgespräch gezeigt. Ein maskulines Werk. Maskulin und deutsch. Deutsch und eine internationale Sensation.

Nietzsche also – aber ergriffen von einem, der aus seinem bürgerlich-konservativen Fond heraus lebt, einem *Herrn* aus lübischem Patriziat; – keine Minderwertigkeitsgefühle, höchstens tristesse, wie sie zu einem Herrn gehört. Und überdies besteht er eigensinnig auf realistischer Epik. Er ist viel zu gebildet, um nicht zu wissen, daß Realismus und Humor allein Menschen erschaffen. Humane Kunst wird immer realistisch sein, das Epos verlangt nach Psyche und Gesellschaft, der lesende Mensch, alleingelassen mit dem Roman, empfindet sich wahr nur in ironischer Relativierung. (Oft freilich will er sich nicht wahrhaben!) Der junge Herr aus Lübeck pfeift das Nothung-Motiv, während er das Manuskript der *Buddenbrooks* ordnet, aber er kann nicht verhindern – Bildung und innerer

Zwang! –, daß die Blätter von einer sauberen Analyse bedeckt sind. Kein Blech, sondern eine sehr zart instrumentierte Diktion, ein paar Holzbläser, die Streicher spröde und einheitlich geführt, intimes, rhythmisches Ballspiel der Schlagzeuge. Keine Rede von Wagner, eher Mahler, Mittelsatz der siebenten Symphonie: ›Schattenhaft‹.

Analytische Literatur, aber durchweht von musikalischen Schauern, konzipiert im Bewußtsein dessen, was geschehen war: im Gespräch zwischen Stawrogin und Schatow, in den Dithyramben eines forcierten Dionysos, in der sterbenden Akkordik der *Götterdämmerung*. Die Form in grandseigneuralem Erzählen scheinbar spielend bewältigt – aber nur, weil er das Werk auf den Hintergrund des gewaltigen Jahrhunderts projiziert, wird es *so* groß: 1901 *Buddenbrooks*, 1909 *Königliche Hoheit*, 1925 *Der Zauberberg*, 1930 bis 1942 *Josefs-Tetralogie*, 1939 *Lotte in Weimar*, 1947 *Doktor Faustus*, 1951 *Der Erwählte*, und schließlich der *Felix Krull*, der Fragment bleibt. Dazwischen die Novellen; einige von ihnen *(Gladius Dei, Tonio Kröger, Der Tod in Venedig, Wie Jappe und Do Escobar sich prügelten, Herr und Hund, Unordnung und frühes Leid, Mario und der Zauberer, Die vertauschten Köpfe)* würden allein schon genügen, ihrem Erzähler in dem kleinen Zirkel der ›den Geschmack bestimmenden Genies‹ Zutritt zu verschaffen.

Ihm genügt das alles nicht. Der Romancier, die ästhetische Existenz ist sich nicht selbst genug. »Die Literatur werde offiziell, der Literat werde offiziell – das ist die Forderung der politischen Stunde«, schreibt er. Es ist ironisch gemeint, abwehrend, mit der Gereiztheit des Konservativen. *Betrachtungen eines Unpolitischen* steht über den Aufsätzen – dennoch kann er nicht verhindern, daß dies *seine* politische Stunde ist, seine Offiziosität. In der Maske des ›Unpolitischen‹ tritt der Schriftsteller in die Politik ein. Man schreibt die Jahre 1914 bis 1917. »Dies ist seine Stunde, die Stunde des Zivilisationsliteraten; sie ist da; sie setzt ihn in jene nationalen Rechte ein, deren er bei anderen Völkern längst genießt.«

Ein wahrhaft glänzendes Buch – man wünscht sich, er möge es nie völlig verleugnen. Es enthält alles Rüstzeug für eine deutschaufrührerische Fronde gegen Aufklärung, Pazifismus, Demokratie, Internationalität. Die Wurzeln des europäischen Faschismus werden aufgedeckt, noch ehe sie den Stamm gebildet haben; wenn man die zwei Seiten gelesen hat, die Thomas Mann über Sorel schreibt, kann man sich die Lektüre des ganzen Moeller van den Bruck sparen. Sorel, Dostojewskis Aufsatz *Deutschland, die protestierende Macht*, Nietzsches Metaphysik des Heroischen, alles, was einige Jahre später virulent werden wird – hier ist es bereits da, ausgesprochen, vorweggenommen. (*Ausgetragen* wird es freilich erst im *Zauberberg*, in den Gesprächen zwischen Naphta und Settembrini.)

Einzigartige Position, von der aus die Aufsätze geschrieben werden. Über dem schweren, dunklen Schreibtisch hängt das bewunderte Bild: eine Reproduktion von Böcklins *Heiligem Hain*. Der konservative, aber liberal gebildete Großbürger, gezeichnet vom Stigma des Künstlertums, vollgesogen mit den Erkenntnissen des europäischen Nihilismus, *schreibt* seinen Waffendienst: die *Betrachtungen*, *Friedrich und die große Koalition*, *formuliert* den deutschen Krieg als résistance gegen die Französische Revolution. Hintergrund: Verdun. (Ein anderer, später Geborener, liest indessen zwischen zwei Feuerpausen im *Tristram Shandy:* der Leutnant Jünger. Nur Flachköpfe sehen darin Gegenpositionen.)

Die These lautet: Demokratie und Politik sind identisch. Indem Thomas Mann sich als ›Unpolitischer‹ gegen die Politik wendet, muß er sich gegen die Demokratie wenden. Die Umkehrung ist einfach: im gleichen Augenblick, in dem er Demokrat werden wird, wird er ›Politiker‹ werden. Aber so weit sind wir noch nicht, noch wird alles ganz negativ gesehen: »Die Politik als Atmosphäre, durchsäuernd alle Lebensluft, so daß sie, mit jedem Atemzug eingesogen, das Hauptelement alles seelischen Aufbaus bildet; die Politik als Verdrängerin der Musik, welche bis dahin den höchsten Rang im gesellschaftlich-künstlerischen Interesse der Nation usurpierte – als ihre Verdrängerin, sage ich, im Bunde mit der Literatur, welche nicht anders denn als Zwillingsschwester der Politik, *wenn nicht als identisch mit ihr*, zu begreifen und im Kampf gegen die Vorherrschaft der Musik ihre natürliche

Verbündete ist; die Politik also zusammen mit der Literatur, sofern diese gesellig, das heißt Rhetorik, Psychologie und Erotik ist – ein Gemisch von beidem, literarisch parfümierte Politik, politisch durchwürzte Literatur als nationaler Dunstkreis und Lebensodem: Das ist die Demokratie, der amüsante Staat, der Staat für Romanschriftsteller, und wir werden ihn haben!«

In dieser Haltung, das muß man wissen, wird er dann der Offiziöse, wenn nicht der Demokratie, so doch eines amüsanten Staates: der Weimarer Republik. Aber in dieser Haltung ist er auch ›unpolitischer‹ Konservativer. Es ist die *Ironie*, Grundleidenschaft des großen Realisten, die hier ihre dialektische Rolle spielt. Sie ist es, die relativiert, enthüllt, das Paradoxon freilegt, die Kritik nach allen Richtungen lenkt, im Satz den Gegensatz erahnt. So wird dann im Vorwort, und das heißt am Ende der *Betrachtungen*, die ironische Frage erhoben: »Wäre es so, daß mein Sein und – soweit davon die Rede sein kann – auch mein Wirken durchaus nicht genau meinem Denken und Meinen entspricht, und daß ich selbst mit einem Teil meines Wesens den Fortschritt Deutschlands zu dem, was in diesen Blättern mit einem recht uneigentlichen Namen ›Demokratie‹ genannt wird, zu fördern bestimmt war und bin?« Das ›Sein‹ also setzt er in Gegensatz zum ›Meinen‹ und ›Denken‹, und so vollzieht er die Verwandlung, die nur dem rätselhaft erscheinen wird, der Ideen als etwas zur Substanz des Menschen Gehöriges betrachtet. Ideen sind aber nur Attribute dieser Substanz – sie berühren nicht das *Sein*, nach dessen Weise in ihm selbst fragend Thomas Mann fortfährt: »Und was für ein Teil wäre denn das? Vielleicht das *Literarische?* Denn die Literatur – sagen wir nur abermals, was wir wissen! – die Literatur ist demokratisch und zivilisatorisch von Grund aus; richtiger noch: sie ist *dasselbe* wie Demokratie und Zivilisation. Und mein Schriftstellertum also wäre es, was mich den ›Fortschritt‹ Deutschlands an meinem Teile noch fördern ließe, *indem* ich ihn konservativ bekämpfe?«

Die Anführungsstriche der Ironie bekränzen das Wort ›Fortschritt‹, und ironisch dient er ihm. Seltsame und geistvolle Dialektik, welche die bekämpften Begriffe auf eine höhere Ebene rettet, sie dem »Dunstkreis literarisch parfümierter Politik« entzieht. Der Katalysator des Erlebnisses ist der Rückgriff auf Nietzsche und die späte Musik. Im ironischen Ton der Hingabe an sie verrät sich untergründige Wachheit, Fähigkeit zum Rausch par distance. Trotzdem – es sind die Untergründe und der Rausch, mit denen er politisch beginnt. »Ich habe es alles in mir«, wird er später sagen. Ein notwendiger Beginn! Was Thomas Mann mit den *Betrachtungen* in den Realismus und in den Kampf um die Demokratie einbringt, ist die *konservative Dimension*, was soviel heißt wie: den entscheidenden Wert – entsprechend dem Gesetz, daß etwas nur *lebt*, wenn es die Negation seiner selbst in sich trägt.

Ein Bürger, legitimiert zunächst vor der konservativ-nationalen wie der liberal-demokratischen Faktion seiner Klasse, ist er seitdem »mit Geist und Seele ins Politische verstrickt«, tritt er in die Wirklichkeit des Staates ein, der den wahrhaftig mehr amüsanten als tragisch-tapfer angelegten Versuch unternimmt, das Unausgleichbare zum Vergleich zu bringen: der Weimarer Republik. Was dieser Republik tatsächlich einen geschichtlichen Augenblick lang gelingt, ist: ein Schwebezustand. Die artistische Atmosphäre ist unvergleichlich dicht, wie es im Zustand eines so gefährlich gewagten Pendelns, in dem noch alle Entscheidungen offen sind und Freiheit möglich ist, nicht anders sein kann. Die symbolistische Lyrik sammelt sich noch einmal in der esoterischen Aussage ihres Spätwerks – der *Duineser Elegien* vor allem –, indes der Expressionismus endlich ins Bewußtsein tritt und die Kräfte von Bert Brecht und Gottfried Benn entbindet. Dem Tendenzroman (den Realismus als Form benutzend und ihn daher verfälschend) wächst langsam die magische Realität Franz Kafkas entgegen. Freud und Spengler bilden geistige Kontinente, die durch Ozeane des Mißverständnisses getrennt scheinen. Während Richard Strauss einige seiner schönsten Opern schreibt, untersucht Arnold Schönberg die *Methode des Komponierens in zwölf Tönen*. Dennoch: die Antinomien begreifen sich im *Tabu*, die Geister treffen sich auf der Höhe der Freiheit. Es ist die große Zeit, in der Reinhardt das Theater erneuert, das Bauhaus eine Systematik der modernen Kunst konzipiert, Avantgarde und Volk sich beinahe – beinahe! – aneinander abklären, die Kompaßnadel der europäischen Kultur ihren Pol nicht mehr in Paris, sondern in Berlin sucht. Sogar Staatsmänner gibt es in Deutschland: Rathenau, Stresemann und Brüning.

Die eindeutige geistige Vertretung der Republik unternimmt einzig Thomas Mann. In einem Strom publizistischer Äußerungen genügt er der ›Forderung des Tages‹. Ein Dichter, ein Romancier, versucht er, von der Literatur, der Kultur, der Kunst her das zu leisten, was bei den Völkern des Westens die politischen Akteure der Geschichte geleistet haben: eine demokratische Theorie. Die Arbeit hat ihre großen Stationen, so die Rede *Von deutscher Republik*, gehalten 1923, und die Rede *Appell an die Vernunft*, gesprochen im schon tief umdüsterten Jahre 1930. Der Herkunft des Autors entsprechend, gerät ihm das politische Werk sehr ambivalent; wie in den *Betrachtungen* sich der Konservativismus am liberalen Angriff maß, so taucht nun die Demokratie tief in das Bad der konservativen Ironie. Eine Wache auf verlorenem Posten wird da gehalten, beinahe rührend wirkt dieser Versuch eines Bürgers und Künstlers, der deutschen Elite ein Hamilton und Jefferson des Geistes zugleich sein zu wollen – angesichts einer Nation, deren aktivistische Jugend jedes Wort des Karl Radek auswendig weiß und sich von der Tiefe des Vergleichs zu der Schärfe der Unbedingtheit wendet, in ihrer Unkenntnis echter Soziologie nicht vermutend, daß der Opportunismus der kleinbürgerlichen Massen aus den Formeln der äußersten Konsequenz schon die Schlagworte der billigsten Lösung herausspürt und in Betracht zieht. Die historische Situation rollt ab, wie es ihr vorgeschrieben, und keine humanistische Sisyphus-Arbeit wird daran etwas ändern...

Ist sie darum völlig sinnlos? Allein die Kulturkritik, die das politisch-essayistische Werk Thomas Manns enthält, würde ausreichen, den Kampf um die geistige Grundlegung einer deutschen Demokratie zu rechtfertigen. Aus einer tiefen Kenntnis der Geister, die der ›Unpolitische‹ herbeigerufen, vermag er sie zu bannen. Vielleicht ist das ganze Werk Thomas Manns, ja sein ganzes Leben nichts anderes als eine Auseinandersetzung mit Nietzsches Philosophie, deren Facetten immer von neuem aufblitzen, ›im Lichte unserer Erfahrung‹. Er debattiert zwar, ein nordischer Settembrini – aber er debattiert immerhin in der innersten Zelle des Klosters der heiligen Dämonie mit den Auguren der Irrationalität, und wahrhaftig, während er redet, wird das Kloster zum Klub, das Lächeln magistraler Würde zur technischen Gebärde der antihumanen Gewalt, verwandeln sich die Mönche einer atheistischen Metaphysik in Zyniker der Enthemmung. Die ›Mauretania‹ ist rational und psychologisch gestellt – metaphorisch und mythisch wird man sie später, ›auf den Marmorklippen‹, erkennen. Doch das ist schon ein anderes Kapitel, es handelt von der Zukunft, von der zukünftigen Synthese zwischen Psyche und Mythos, zwischen Ratio und Magie* –, es soll damit nur ausgedrückt werden, daß sich einige der wesentlichsten Texte dieser Zukunft in den politischen Schriften Thomas Manns finden. Es wäre an der Zeit, ein zusammenschauendes Lesebuch seiner Kulturpolitik herauszugeben, um zu erweisen, daß sich die Perspektiven seiner politischen Bemühung in viel weitere Räume erstrecken, als die Weimarer Republik sie ihm bieten konnte; der Sinn dieser Arbeit wird überhaupt erst heute langsam sichtbar, doch ist ihr Urheber nicht mehr in der Lage, die ihm eigene politische Ungeduld mit dem Temperament der Historie zu vergleichen.

Die Ungeduld hat freilich ihr Gutes – sie macht aus Thomas Mann einen genuinen politischen Publizisten. Was ist, im allgemeinen, ein deutscher Schriftsteller, der da glaubt, politisch votieren zu müssen? Ein aufgestörtes und ratloses Geschöpf, das man dazu mißbraucht, den oder jenen pazifistischen oder zum Soldatentum auffordernden Aufruf zu unterzeichnen, worauf es erschöpft, zugleich eitel und leicht angewidert, und außerdem ein wenig um die Folgen bangend, wieder in die Viskosität seiner dichterischen Existenz zurücksinkt. Im besten Falle werden ›Bekenntnisse‹ abgegeben, in gehobener Sprache natürlich und mit leicht pathetischem Anflug, man hört Glokken läuten in ihnen, und wenn sie gut sind, dann sind sie rührend. Ungerührt bleiben nur die Politiker. Auch Thomas Manns politische Äußerungen sind natürlich Bekenntnis, aber

* Auf den ›magischen Rationalismus‹ der Kulturkritik Thomas Manns hat Friedrich Sieburg hingewiesen. (*Gegenwart*, Nr. 87.)

Bekenntnis, das sich jeweils an der Wirklichkeit konkretisiert. Er erschöpft sich nicht in allgemeinen Wendungen, sondern er spricht von der Weltkriegsblockade, den Fehlern des Versailler Vertrags, dem Finanzreformplan der Luther-Regierung, dem Ausgang der Reichstagswahlen, dem Münchner Abkommen, dem *New Deal* Roosevelts, der Abberufung Litwinows, den Folgen des Hitler-Krieges, der Politik von Mendès-France. Er ist *unterrichtet*. Er ist vorzüglich unterrichtet, er kann mitreden, und er redet mit. Es tut seinem Dichtertum nicht den geringsten Abbruch; Bewußtsein und schöpferische Anschauung fallen in ihm nicht auseinander. Das Phänomen ist in Deutschland neu: ein Nobelpreisträger, Doyen der preußischen Akademie, später Mitglied der *Academy of Science and Letters*, man prägt sogar das Wort vom ›dean of world-literature‹, ein Dichter also, der souverän das politische Metier betreibt – sogar die Politiker müssen davon Kenntnis nehmen. Sie tun es ungern, manche von ihnen sind geärgert, und es ist ja auch anstößig, deutschem Dichterwesen fremd, man liebt es bei uns zu Lande, die Sphären von Kunst und Politik zu trennen, etwas bösartig Konkretes kommt so in die Kunst, man kann sich nicht mehr in die Dichtung *flüchten*. Bösartig konkret sind denn auch die Reaktionen; als der im Ausland angesehenste Emigrant zum erstenmal nach dem Kriege wieder nach Deutschland kommt und in der Paulskirche zu Frankfurt am Main spricht, bleiben gewisse hohe Beamte und Würdenträger der westdeutschen Politik ostentativ fern – bezeugen damit die Wirklichkeit Thomas Manns als Politiker.

Die politische Neigung – nein, diese pflichthafte Getriebenheit zum Politischen weiß sich mit dem Realismus des künstlerischen Werks einig. Man kann es nicht als Künstler jahrzehntelang mit der Realität, der geistigen und materiellen deutschen Realität, zu tun haben, ohne sich nicht schließlich politisch zu manifestieren. Die Beschäftigung mit der Wirklichkeit trägt ihre Konsequenzen in sich – wenn die Realität gut ist, muß man versuchen, sie zu erhalten, wenn sie schlecht ist, muß man sie ändern. Politik ist konservierende oder revolutionierende Tätigkeit an der Realität. Manchmal beides, wie übrigens im Falle Thomas Mann. (Doch muß man Distinktionen treffen. Nicht jeder Künstler ist dazu begabt, künstlerischen Realismus auf der politischen Ebene fortzusetzen. Auch Thomas Mann ist die Transposition nicht immer geglückt. Aber was wäre ein Politiker schließlich ohne die Schnitzer, die er macht?) Elan und Bildung – Gegensätze nur in kleinen Geistern – kristallisieren sich in ihm zu jenem intelligenten Mut, der davon weiß, daß man sich als Künstler erhöht, indem man sich politisch profiliert. Und der Realismus seines literarischen Werks wird allmählich so umfassend, daß die Kulturkritik, die es begleitet, sich zur *Gesellschaftskritik* erweitert. Erweitert, nicht etwa umschlägt. Die Kritik der Kultur wird fortgesetzt, denn Thomas Mann sieht das Verhältnis von Geist und Gesellschaft nicht in der mechanistischen Funktion von Wirkung und Ursache, Überbau und Unterbau, sondern als reale Antinomie eines Organismus, als dialektisches ›Ding mit zwei Seiten‹. Nirgends in seinem Werk wird man die flachen Soziologismen der moskauer Schule finden, überall aber eine geisterfüllte Soziologie. Ihr, als der Krönung des Politischen im Diesseits, strebt sein Denken zu. Konservativer, der er ist, besteht er darauf, daß die Gesellschaft *geordnet* sei, »daß unter den Menschen solche Ordnung sich herstelle« *(Doktor Faustus)* – und trifft damit den soziologischen Sinn der Politik, die politische Funktion der Soziologie. In einer desintegrierten Gesellschaft muß der Konservative zum revolutionären Kritiker werden, sofern er nicht den romantischen Traum träumt. Man schreibt das Jahr 1930, das zwölfte Jahr der Weimarer Republik. Als Konservativer, Gesellschaftskritiker, Soziologe und Politiker rät Thomas Mann dem deutschen Bürgertum zum Bündnis mit der Sozialdemokratie.

Die ganze Rede *Appell an die Vernunft*, in welche dieser Vorschlag eingeschlossen ist, wird innerhalb einer Gesellschaft gehalten, welcher der Nationalismus bereits zum Schicksal geworden ist. Vom denkbar unangenehmsten Parvenu-Imperialismus durch den verlorenen Krieg in eine gewisse Abhängigkeit von ausländischen Entscheidungen gestürzt, verliert sich die Nation – mit Ausnahme der organisierten Arbeiterschaft und kleiner Teile der Gebildeten – in ein nationalistisches Ressentiment fast ohne Beispiel in der neueren Geschichte. Die

Relation zur Wirklichkeit geht immer mehr verloren, und je unwirklicher das nationale Gefühl wird, um so ›tiefer‹ und ›metaphysischer‹ muß es sich zu begründen suchen, bis schließlich die tiefste Tiefe, ein verwirrter Volkstums-Romantizismus – deformierter Abkömmling der großen romantischen Entdeckungen –, in die gräßlichste Oberfläche mündet, in den Schauder einer pseudobiologischen Theorie von der Rasse, id est: in die geistige Vorbereitung des *Pogroms.*

Den ›Fortschritt‹ Deutschlands vom dumpfen nationalen Ressentiment zum bewußten Rassenhaß bewirkt zu haben, ist die eigentliche Leistung der nationalsozialistischen Führerschaft, ihre historische Kennzeichnung. Faschismus ist überall möglich, wo eine desintegrierte bürgerliche oder proletarische Gesellschaftsordnung nicht mehr fähig ist, sich aus sich selbst heraus zu reorganisieren, wie die Beispiele Spaniens, Italiens und der Sowjetunion beweisen*. Aber sehr im Gegensatz zu Rußland und den südeuropäischen Faschismen wird in Deutschland eine vitalistisch begründete Enthumanisierung zum offiziellen Programm gemacht. Indem man eine geistesgeschichtliche Groteske in den Rang einer Staatstheorie erhebt und sie sich schauerlich realisieren läßt, versteinert Deutschland zum absolutesten Anachronismus der Zeit.

Wenn dies nicht möglich ist ohne das nationale Ressentiment, so ist es freilich auch nicht möglich ohne die Diktatur. Als der schwer lastende, übrigens psychologisch so falsch wie möglich behandelte nationale Groll in die aktive Bewußtheit der Rassenverfolgung geführt werden soll, revoltiert er. Aber es ist schon zu spät, die Vergewaltigung der Mehrheit durch die Minderheit, welche man Diktatur nennt, ist geschehen, und so sieht sich denn die deutschnationale Mauer durch die nationalsozialistische Tünche beschmiert und entstellt.

* Unter Desintegration wird hier der Vorgang des Auseinanderfallens einer Gesellschaft verstanden, der dadurch entsteht, daß sich die Klassen dieser Gesellschaft – seien es Bürgertum, Mittelschichten und Proletariat im Kapitalismus oder Partei- und Staatshierarchie und Massen im Sozialismus – nicht mehr auf gemeinsame Tabus (im Sinne Schumpeters u.a.) einigen können. An die Stelle der human gegründeten und mythisch anschaubaren Tabus tritt dann ein Ersatztabu in Gestalt eines ›Führers‹, auf welches die Gesellschaft durch Gewaltakt vereinigt wird. Die hier vorliegende Untersuchung klammert die Beziehung dieses Vorgangs zu dem gleichzeitig damit einhergehenden oder ihn vielleicht sogar verursachenden Transzendenzverlust bewußt aus.

Die Mauer zu erschüttern, zu bewegen, umzugestalten, sie durchlässig zu machen für die Blicke des hinter ihr eingesperrten Volkes in die Welt, in die Realität, gehörte zu den politischen Absichten Thomas Manns. Nicht einmal die Emigration, zu der ihn der Sieg des Nationalsozialismus zwingt, läßt ihn an dieser Aufgabe verzweifeln. Der Brief an die Universität Bonn, vieles in den Aufsätzen und Reden im Ausland, die 55 Radio-Ansprachen – was sind sie anderes als eine einzige Aufforderung an das deutsche Volk, zu ändern, was vielleicht zu ändern wäre. Er ist Humanist, was soviel heißt wie: Mann der tätigen Vernunft. Er weigert sich, anzuerkennen, der Nationalismus könne Deutschlands *Schicksal* sein, Moira, Nornengespinst, und ein Sein zum Tode. Vielleicht ist es Thomas Manns politischer Grundirrtum, nicht zu wissen, daß er, indem er an das deutsche Volk appelliert, in Wahrheit mit den Parzen redet. Die ›absolute Glücklosigkeit seines Verhältnisses zu Deutschland‹, von der Friedrich Sieburg spricht, beruht auf diesem Irrtum, denn wogegen er humanistisch streitet, ist mehr als irgendein Rausch, eine Intoxikation, es ist die Sehnsucht nach dem *Tode*. Niemand wird Lachesis daran hindern, Atropos den Lebensfaden zuzureichen, und auf die Rede des Humanisten wird der nicht hören, der schon dem Parzenlied lauscht. Was die ›Kluft zwischen der Nation und einem ihrer bedeutendsten Geister‹ aufreißt, sind nicht verschiedene politische Ansichten, sondern Unterschiede des Lebensgefühls.

Man hat vom Recht auf den politischen Irrtum gesprochen. Es gibt sogar eine Pflicht zu ihm, wenn es ein zum Guten und Richtigen sich wendender Irrtum ist, wenn durch ihn an die Möglichkeit der Freiheit in einer Welt erinnert wird, in der die Notwendigkeit identisch ist mit dem Grauen. Es ist ein bewußter Irrtum, den Thomas Mann begeht – ein Stück Wachheit und Einsicht, gegen das übermächtige, blinde Fatum gesetzt, eigensinnig und streitsüchtig hört es sich an, und ist doch huttensch und prometheisch mutig, humaner Mut, Menschenmut, wie er manchmal sogar die Herzen der Götter bewegt. Sollte er nicht gewagt werden in einem Volk, welches bis heute noch nicht realisiert hat, daß es wahrhaftig der Tod war, der es rief, den es rief? Der Nationalsozialismus war es, der die Nation in ihren politischen Tod führte. (Wir Deutsche werden weiterleben. Wir werden weiter Fabriken bauen, politische Theorien aufstellen, Musik machen und manchmal sogar Soldaten spielen. Aber *als Nation* werden wir tot sein – eine jener galvanisierten Leichen, wie sie zu Hunderten in der Geschichte herumliegen. – Es mag uns trösten, zu wissen, daß die Stunde des Endes *aller* Nationen gekommen ist.)

Die Vision dieser Führung in den Tod, des unaufhaltsamen Ganges einer Nation in ihre Sterbestunde – sie steht nicht in Thomas Manns politischen Schriften, sondern in einem Werk des Künstlers. Im ›Teufelspakt‹ des Adrian Leverkühn gerinnt ihm die deutsche Tragödie endlich zur Metapher des unentrinnbaren Untergangs.

Nie noch ist die Faust-Sage als deutsches Leitmotiv so pessimistisch, so tieftraurig, so leidend angeschlagen worden. Man mag immerhin schreiben, Thomas Mann habe mit dem *Doktor Faustus* das Volk, in dessen Sprache er schreibe, aus kalifornischer Ferne verlorengegeben, sein altes Vaterland dem Satan überantwortet – wahr ist, daß er es in der Gnadenlosigkeit seines schöpferischen Einfalls der *Erlösung* anheimgegeben hat. Denn was war das Bild vom Satanspakt anderes als – wieder einmal – die geniale metaphorische Beschwörung der *Realität?* War der Bund mit dem Teufel nicht Wirklichkeit? »Wann wird aus letzter Hoffnungslosigkeit, ein Wunder, das über den Glauben geht, das Licht der Hoffnung tagen?« Ist es ein Zufall, daß in England, in Frankreich, in Deutschland eine jüngere Generation daran geht, eine Theologie der Verdammung zu entwerfen? Die Hoffnungslosigkeit als Stand der Katharsis – dies ist das politische Testament, das ein großer Realist seinem Volke übergibt. Wird es seine Bedingungen erfüllen? Ach, es pocht schon wieder auf seine ›Reserven‹, und es redet vom ›Weltgeist‹!

Der Kampf gegen den nationalsozialistischen Anachronismus verdeckt Jahre hindurch – für die Augen Deutschlands – den anderen großen Gedankenzug des Emigrierten. Längst ist es nicht mehr bei einer Empfehlung der Sozialdemokratie geblieben; welchen Sinn hätte sie in einer Welt, in der es keine deutsche Sozialdemokratie mehr gibt? Mit dem Schritt in die

Emigration tritt er endgültig in den unregulierten, nicht eindämmbaren und in seinem Lauf nicht zu bestimmenden Strom der internationalen sozialistischen Bewegung, und die Strömungen der Geschichte, die Wirbel der demokratischen Niederlage in Deutschland und Spanien, der Weltwirtschaftskrise, treiben ihn an die linke Seite des Gewässers. (Der Bolschewismus gehört nicht zu dieser Flut, er ist das ›andere Ufer‹ – um noch einen Augenblick im Bilde zu bleiben.) Was als ›sozialer Humanismus‹ begann und als solcher auch immer noch den Untergrund aller seiner politischen Gedanken abgibt, bildet sich rasch zu einer entschieden sozialistischen Kritik an der kapitalistischen Verfassung des Westens fort. Unermüdlich ist Thomas Mann in seinen Aufforderungen an die liberale Welt, sich sozialistisch zu reformieren, ehe es zu spät ist. Diese Gedanken würden von ihm ausgesprochen werden, auch wenn es die Sowjetunion nicht gäbe.

Aber es gibt sie. Und von der intellektuellen Leidenschaft zur Unterscheidung erfüllt, weigert sich Thomas Mann, eines der Axiome der westlichen Welt anzuerkennen: die Gleichsetzung der Stalinschen Diktatur mit den faschistischen Systemen, insbesondere mit der Hitler-Herrschaft. Persönliche Erfahrungen bestimmen ihn dazu, vor allem das Erlebnis des Zusammenstoßes mit dem Nationalsozialismus, in dem er den Stalinismus – ungeachtet seiner Rolle im Polenkrieg – als Partnerschaft in einem gemeinsamen Haß begrüßt. Aber auch objektive Überlegung führt ihn zu Distinktionen: haben nicht Kommunismus und Demokratie gemeinsame Wurzeln im Glauben an die Menschenwürde, behütet nicht selbst noch der russische Autoritarismus jene Keime der französischen, der bürgerlichen Revolution, die Karl Marx ins Proletarische verwandeln wollte, die Keime der Gleichheit, der Befreiung und der Brüderlichkeit? Unterscheidet er sich in diesen geistigen Grundlagen nicht wenigstens strukturell von jener Theorie der Barbarei, die den Menschen ins Biologisch-Tierhafte, nein: ins Bestialische, verzerrt? Muß man darum nicht die Verständigung mit ihm suchen, den Ausgleich, die Synthese von West und Ost, von bürgerlicher Individualität und sozialer Hingabe, von konservativem Ordnungssinn und revolutionärem Mut zu einer neuen Ordnung? Ist solcher Ausgleich nicht überdies einfach eine Notwendigkeit, die keinerlei Widerspruch erlaubt, wenn als Alternative seines Scheiterns der Krieg gemeint ist, nicht irgendein Krieg, sondern die Selbstvernichtung der Menschheit?

Es sind die Überlegungen einiger der besten Köpfe des Westens, die Thomas Mann hier teilt. Schon Berdjajew hat die These vom Struktur-Unterschied zwischen Stalinismus und Faschismus aufgestellt, und ähnliches wird von Bernard Shaw, Bertrand Russell, Albert Schweitzer, Pablo Picasso, Paul Eluard gedacht. Die Aufgeschlossenheit des westlichen Geistes selbst teilt sich darin mit. Als Thomas Mann in das Amerika Roosevelts eintritt, kann er freudig eine Welt begrüßen, die – in ihrem Denken schon weit über den Krieg mit Hitler hinaus – nichts anderes diskutiert als diese Frage, die Frage der Zukunft. Die Atmosphäre in Washington wird von Henry Wallace, von Archibald McLeish, Francis Biddle und anderen beherrscht (die man später als ›fellow-travellers‹ bezeichnen wird). Es ist eine Welt, die sich in jener Pause des Zögerns verständigt, welche der Antwort auf eine Frage vorausgeht.

Das Spiel von Frage und Antwort hat seine Regeln. Und man wird diejenigen, die weder das Spiel noch seine Regeln kennen, nicht davon abhalten können, die Pause für eine Bresche zu halten. So springen sie denn hinein, entfernen die Fragezeichen von den Sätzen, walzen sie zu Antworten aus – und so machen sie denn aus der Frage Thomas Manns nach dem Sozialismus ein Bekenntnis zu dessen Entartung im Russisch-Autoritären. Da wird der Dichter mit Telegrammen und Kundgebungen in Verlegenheit gesetzt, auf die er nicht anders denn erfreut und höflich danken kann, da bekommt er nicht den Goethepreis einer deutschen Stadt, sondern gleich einen ›deutschen Nationalpreis‹, und als er zu dessen Entgegennahme reist, um damit dem Frieden der Welt und der Einheit des Volkes seiner Herkunft zu dienen, sieht er sich vor die Kulissen eines totalitären Staatsaktes gestellt und zum geistigen Repräsentanten eines der Vasallenländer Stalins gemacht. Was in der Hinnahme dieser Vorgänge durch Thomas Mann geleistet wird, ist mehr als eine ›gute Miene zum bösen Spiel‹

– es ist die innerlich geplante Selbstentäußerung um einer Konzeption der Verständigung willen, die er wenigstens in seiner Person verwirklichen kann.

Feinste, und nun wirklich beinahe zerstörende List eines zu allem Unheil auch noch gläubigen Machiavellismus: um den großen Geist des Westens für sich ausnützen zu können, macht man sein dichterisches Werk sakrosankt. In geist- und liebevoller Analyse bringt Georg Lukács die Dichtung Thomas Manns in das System ein, das unter dem angemaßten Namen des Realismus eine reine Tendenzkunst konstituiert; so wäre denn Kritik daran Verstoß gegen die Generallinie – und man weiß, was das bedeutet. Das alles geschieht, während im Westen sich die bourgeoise Restauration im Bündnis mit dem nationalistischen Ressentiment gegen Thomas Mann wendet. Im Strudel der von den Siegern als Almosen hingeworfenen ›Freiheit‹ hat sie genau begriffen, welche Gefahr ihr drohen würde, wenn das Denken des großen Sozialisten und so merkwürdig liberal-konservativen Humanisten auf die Politik der schmalen Eliten Einfluß gewönne. Und so reißt denn die Kette der so törichten wie un-offenen Briefe nicht ab, so überläßt man Besuchseinladungen privaten Personen und Institutionen, läßt man Beleidigungen Thomas Manns wie der ganzen Emigration ruhig geschehen, rafft sich kein einziges Mal zu einer großzügigen Ehrung des ›anderen Deutschland‹ auf. In seltener Instinktlosigkeit wenden führende Zeitschriften ihre kritische Kraft daran, das künstlerische Werk Thomas Manns in seinen geistigen Gehalten abzuwerten. Dem wahrhaft staunenden Auge bietet sich das absonderliche Schauspiel, daß der deutsche Westen seinen bedeutendsten Künstler völlig kampflos dem um ihn werbenden Stalinismus überläßt.

Zum Glück hat er selbst sich ihm nicht überlassen. Sicherlich wird er es gerne lesen, daß Georg Lukács schreibt, die Musiktheorie des *Doktor Faustus* entspreche den Beschlüssen des Zentralkomitees der Kommunistischen Partei der Sowjetunion über die moderne Musik, wird es doch seinen Sinn für Ironie befriedigen, für die Ironie, die in jedem großen Mißverständnis zutage tritt. (Denn es besteht wohl kein Zweifel darüber, auf welcher Seite er stehen würde, falls ein totaler

Staat Aufführungen der ›Apocalipsis cum figuris‹ des Adrian Leverkühn – gesetzt, diese sei real, was sie ja durchaus sein könnte – verbieten wollte.) Sicherlich wird er auch für jede Begrüßungsadresse des auf Befehl geeinigten Volkes in Thüringen, Sachsen und Preußen dankbar sein, denn in ihr vollzieht sich wider Willen eine Verbeugung der Machthaber vor einem Geist, der mit allen Fasern in der Freiheit wurzelt. Der propagandistische Gewinn solcher Gesten hat etwas Kurzatmiges an sich, man möchte sagen: etwas Unkluges. Es ist ein Gewinn im taktischen Feld, der im strategischen Raum verlorengeht. Alles Flattieren und eilig-geschäftige Bemühen kann ja nicht verhüllen, daß der Flüchtende sein Heim eben doch zuerst in Los Angeles, später in Zürich aufgeschlagen hat, und nicht in Moskau. Und alle aufgewandte Sympathie und echte Trauer anläßlich des Todes von Heinrich Mann verkleidet nur schlecht die fundamentale Tatsache, daß man den Bruder des bedeutenden Toten nicht auffordern kann, an die Spitze einer deutschen Akademie zu treten, die von Ulbricht berufen wird. Was täte er auch dort, in einer Welt ohne Ironie, ohne Psychologie, ohne unerbittlichen Realismus, ohne Aufgeschlossenheit? Er wäre der letzte, der, von einer repräsentativen Rolle cachiert, eine Katakomben-Existenz führen könnte, ein Leben der ›inneren Emigration‹.

In der diplomatisch gewagten Bewegung mit dem Finster-Mächtigen, das er verwandeln möchte, weil Mächte der Zukunft sich in ihm verbergen, erwägt er sorgsam – denn auch dies gehört zum Wagnis – die feine Grenzlinie, die das *Gewissen* nicht überschreiten darf. Aus dem Gewissen aber kommt auch der ganz undiplomatische, wild-polemische Ausfall gegen den Ur- und Erzfeind, den steinern-bösen Bourgeois als barbarischen Anachronismus ›im unaufhaltsamen Prozeß gesellschaftlich-ökonomisch-kultureller Weltveränderung‹, den Bedroher der Freiheit von innen heraus, ihren Vernichter in Deutschland. Voll nervöser Gereiztheit und empfindlichem Widerwillen spürt er in der sturen Provinzialität des notdürftig ›westlich‹ übertünchten Bourgeois-Deutschen schon die Vorform des Faschismus. Vom Abblick des schlechthin Bösen aufgestachelt, wird Böses gesagt, und wie ein Magnet zieht er das Ressentiment eines weltlosen Spießertums auf sich. Ihm ist es das Übel kat exochen, die ›schreckliche Vereinfachung‹ einer hochdifferenzierten Weltlage, die ausweglose Verhärtung der Fronten, – ihrer kaltblütigen Restauration in einem Deutschland, das er noch immer von den alten Führungsschichten beherrscht sieht, gilt seine abgründigste Verachtung. Selbst in ihrer umstrittensten Form aber ist solche Verachtung immer noch Wille, die Integrität der Demokratie zu verteidigen. Nur eine Demokratie der reinen Hände wird – so meint er – die Fronten auflösen, den Vergleich herbeizwingen, die Substanz des Friedens aus der Lösung der Gegensätze fällen. Um der reinen Demokratie willen bezieht er den Stand zwischen den Linien, den Posten im Niemandsland.

Die Position zwischen den beiden großen Lagern ist so prekär, weil sie zwar von einigen wenigen aus Mut aufgesucht wird, von vielen, allzuvielen aber aus Opportunismus. Dem Zwang zur Flucht in das Günstige war Thomas Mann überhoben. Das Günstige wäre das Behagen im Repräsentationsstil einer westlichen Koryphäe gewesen, in den Ehrungen, die einem weisen und unverbindlichen Mentor der Humanität zufließen, im Frieden Kaliforniens. Aber ihm behagte das Günstige nicht. Was er in seinem hohen Alter unternahm, war: würdigste Anerkennung, universale Zustimmung, die ganze kopfnickende Atmosphäre eines allgemeinen ›Er hat's erreicht!‹ und darüber hinaus echte Sympathie, geistige Verbundenheit, ja Liebe, aufs Spiel zu setzen. Auf ein Spiel freilich, das solchen Einsatzes wert ist. Es ist das Spiel um den Frieden der Welt.

Stetig und unaufhaltsam wuchs das politische Denken Thomas Manns in dieses Spiel hinein, in dem Konzeption und konstruktive Kraft entscheiden, auch wenn immer wieder gezinkte Karten auftauchen. Für immer wird der gewagteste und intelligenteste Plan solcher Aufgabe den Namen Franklin Delano Roosevelts tragen. Der Dynamik des Gelähmten gelang nicht nur der Sieg über die Barbarei, sondern auch die Überwältigung des Mißtrauens durch die weltumspannende Größe seiner politischen Perspektiven. Mag sein, daß sie zu groß waren für diese kleine Welt, mag es immerhin möglich sein, daß auch er in den Brandungswellen des Nachkrieges gescheitert wäre – größer als das Scheitern wäre doch noch der Geist geblieben, den er hinterlassen hat. Aus den Dimensionen dieses Erbes hat sich ein deutscher Schriftsteller die Bestätigung seiner politisch-humanen Vision geholt. Ein die Welt erfüllender *New Deal* – die Synthese von Freiheit und Sozialismus in menschlicher Relation war seine Hoffnung. Mit kritisch-nüchternen, mit unruhevoll-besorgten, mit streitbar-begeisterten Augen, mit den Augen des Westens, verfolgte er den Pendelschlag der Weltenuhr.

Nachricht über Vittorini

»Tretet ein, wo ein Dichter ist, der groß ist, und dann seht ihr gleich, daß das Problem eines Landes keine fest umrissenen Grenzen mehr hat, zu einem Problem der ganzen Welt wird. Lesen wir Hölderlin, und Deutschland wächst uns ans Herz wie unser eigenes Land.«

Elio Vittorini, *Offenes Tagebuch*

1

Elio Vittorini, ein italienischer Schriftsteller und Dichter, wurde am 23. Juli 1908 zu Syrakus auf der Insel Sizilien geboren. Er hat nur vier Volksschulklassen und drei der Realschule besucht. Sein Vater war Beamter der Staatseisenbahn; mit den Gratisfahrscheinen, die ihm zur Verfügung standen, ist der junge Elio zwischen seinem dreizehnten und seinem siebzehnten Jahr dreimal von zu Hause ausgerissen. Die Geschehnisse wie die Stimmungen seiner Jugend schildert er in beinahe allen seinen Büchern, besonders aber in dem Roman *Die rote Nelke*, der nicht nur die Wirrnisse der Pubertät zum Inhalt hat, sondern auch die Anziehungskraft festhält, die der revolutionäre Anschein, den der Faschismus sich gab, für die sizilianische Jugend besaß – denn diese Lebensjahre Vittorinis sind die gleichen, in denen der Faschismus die Macht eroberte (1922 Marsch auf Rom, 1924 Ermordung Matteottis). Wie alle Schüler läßt auch Vittorini sich 1925 in die Faschistische Partei aufnehmen. In den folgenden Jahren arbeitet er als Assistent bei Bauarbeiten und beginnt zu schreiben; seine kleinen Erzählungen erscheinen in der Florentiner Zeitschrift *Solaria*, die sich antifaschistisch und humanistisch verhält. 1930 übersiedelt er nach Florenz, arbeitet als Korrektor im Setzmaschinensaal einer Zeitung und läßt sich von einem alten Schriftsetzer Englisch beibringen. 1931 erscheint sein erstes Buch, ein Band Erzählungen mit dem Titel *Piccola Borghesia*, noch im Stil des neunzehnten Jahrhunderts geschrieben, wie man sagt, etwas später *Viaggio in Sardegna*, bereits hoch stilisiert*.

Die im Februar 1933 erscheinende Nummer der *Solaria* bringt den Anfang von *Die rote Nelke*. Die Schicksale dieses Buches sind erregend. Wegen der zweiten Fortsetzung wurde die Nummer der *Solaria*, in der sie stand, beschlagnahmt; die weiteren Stücke erschienen in einer von der Zensur verstümmelten Fassung. Arnoldo Mondadori erwarb das Manuskript zur Herausgabe, jedoch durfte er es unter der Herrschaft des Faschismus nicht veröffentlichen; es erschien erst 1947, zusammen mit jenem berühmten Vorwort, in dem Vittorini sich gleichzeitig von seinem Werk distanziert und es rechtfertigt. Für uns ist es das erste Buch, in dem sein Autor vollständig anwesend ist. (Wenn ich an die Freude denke, mit der Eugen Claassen *Die rote Nelke* und *Im Schatten des Elefanten* nach Deutschland brachte, erscheint mir der frühe Tod des großen Verlegers immer wieder unerträglich.)

Im März 1933 machte Elio Vittorini jene Reise nach Mailand, auf die er manchmal geheimnisvoll als auf eines der größten Ereignisse seines Lebens hinweist. »In Orte und Namen, ja in die Welt verliebt, wie ich es sonst nur in meiner Kindheit war, kehrte ich von ihr zurück«, schreibt er. Indessen folgt das Ereignis des Verbots der *Solaria*, und 1936 wird der Autor aus der Faschistischen Partei ausgeschlossen.

Er ist schon längst zu einem der Köpfe des Widerstandes gegen sie geworden. Seine kritischen Arbeiten sind, unter den Verhältnissen der Zensur, von der geschichtlichen Situation bestimmt. Gleichzeitig mit seinem piemontesischen Altersgenossen Cesare Pavese findet Vittorini den archimedischen Punkt des literarischen Widerstandes gegen das, was die Faschisten ihre Kultur nennen, in der Literatur des Auslandes. Er weist auf Proust und Joyce hin und entdeckt schließlich in der amerikanischen Literatur das Modell einer geistigen Bewegung, die sich unter keinen Umständen mit dem Faschismus vereinbaren läßt – »eine Universalliteratur in einer einzigen Sprache«,

* Da ich diese beiden Frühwerke nicht kenne, muß ich mich hinsichtlich ihrer Stilmerkmale auf eine Mitteilung verlassen, die Sergio Pacifici in der Zeitschrift *Texte und Zeichen*, Heft 9, gegeben hat.

wie er sie nennt. Er setzt seine Übersetzungen Melvilles, Faulkners, Hemingways gegen den Provinzialismus, gegen den Nationalismus, gegen die Unterdrückung. Seine große Anthologie *Americana*, die Bompiani ediert, wird 1941 beschlagnahmt.

Im Herbst 1937 hatte er begonnen, *Gespräch in Sizilien* zu schreiben. Er veröffentlichte den Roman in Fortsetzungen in einer neuen Florentiner Zeitschrift, *Letteratura* – die *Solaria* war inzwischen eingegangen –, und er schrieb ihn, genau wie *Die rote Nelke*, im gleichen Rythmus, in dem die Zeitschrift ihn abdruckte – ein sehr merkwürdiges und einzigartiges Verfahren für einen Schriftsteller, der so wenig mit Balzac oder Dickens gemeinsam hat wie Vittorini. Im Herbst 1939 beendete er das *Gespräch*, und die erste sowohl wie die zweite Auflage der Buchausgabe (1941) bei Bompiani passierte die Zensur. Erst bei Erscheinen der dritten Auflage wurde das Buch verboten.

Wer die Geschichte dieser Bücher und ihrer Verbote liest, wird vermuten, Elio Vittorini sei ein Autor, der nichts anderes im Sinn habe, als mit seinen Schriften den Gang der Politik zu beeinflussen. Es könnte kein größeres Mißverständnis geben. Vittorini ist ein Dichter, der von seinen Anfängen an etwa fünfzehn Jahre unter den Bedingungen einer politischen Diktatur zu arbeiten hatte – und der seine Lage begriff. Nicht einmal insoweit ist Vittorini ein politischer Autor, daß seine Bücher in erster Linie politische Dichtungen wären, wie es sie in der Weltliteratur gibt: wie Voltaires *Candide* etwa oder wie Büchners *Dantons Tod*. Als universaler Dichter vielmehr kam Vittorini in fast absichtslosen Werken wie selbstverständlich zur Kritik an einer Unordnung, die unterdrückte, statt zu befreien. *Gespräch in Sizilien* ist vor allem ein sehr reines Kunstwerk, in dem ein Mann sich bedingungslos seiner Inspiration anvertraut.

Wenn man dem *Diario* folgt, so hat Vittorini sich erst vom Beginn des Krieges an in der politisch-praktischen Resistenza betätigt. Daher rühren seine Flugblätter, seine Beiträge in der Geheimausgabe der *Unità* und in anderen Zeitungen der Partisanen. Es ist die Zeit, in der er der Kommunistischen Partei

Italiens beitritt (1941), »aus Bewunderung für die moralische Sauberkeit und den opferbereiten Idealismus seiner Freunde«, wie Hinterhäuser urteilt*. Sicherlich auch aus Überzeugung, denn die Wochenzeitschrift *Politecnico*, die Vittorini von Anfang 1946 bis Ende 1947 herausgibt, ist eine kommunistische Zeitschrift. Aber in der Tat ist Vittorini niemals Marxist gewesen, wie das Studium seiner Beiträge zum *Politecnico* ergibt, und insofern war sein Beitritt zur PCI von vornherein ein Irrtum. Es ist kein Zufall, daß die heute berühmteste Nummer von *Politecnico* jene Nummer 35 ist, in der Vittorini in einem Brief an Togliatti seine eigene Auffassung der Kultur entwikkelt, die der Ideologie der Kommunistischen Partei entgegengesetzt ist. Er tritt aus der PCI aus.

Vorher, gegen Ende des Krieges, hat er *Uomini e no* geschrieben, eine wilde, geisterhafte Studie aus dem Partisanenkampf in Mailand – vielleicht liebe ich es von allen seinen Büchern am meisten, aber das ist sehr subjektiv, es ergeht mir damit wie mit Hemingways *The sun also rises* –, später folgen *Im Schatten des Elefanten*, *Le donne di Messina*, zuletzt, 1950, *Die Garibaldina*, ein kleines Zauberwerk, in dem die Erinnerung an das Sizilien des *Gesprächs* so stark ist wie das *Gespräch* selbst.

Seit neun Jahren also nichts mehr. Doch arbeitet Vittorini an einem umfangreichen Roman. Die kritische, die publizistische Arbeit geht ununterbrochen weiter. Er lebt in Mailand, in einem Arbeiterviertel in der Nähe der Porta Ticinese, von den Fenstern seiner Wohnung aus hat man einen unvergeßlichen Blick auf einen Kanal, Kohlenkähne, Brandmauern im lombardischen Licht, auf eine Szenerie des Neoverismo; aber er stilisiert sich nicht, nicht einmal wie Brecht. Gebrauchen wir einmal das abgedroschene Wort und erklären wir, daß Vittorini weltberühmt ist, und zwar nur, um sagen zu können, daß er nicht vom Ertrag seiner Bücher leben kann. Er ist ein literarischer Berater Arnoldo Mondadoris. Er besitzt hohen

* Hans Hinterhäuser, *Italien zwischen Schwarz und Rot*, Stuttgart 1956 – die beste deutsche Studie über die Entwicklungen in Italien nach dem Zweiten Weltkrieg.

persönlichen Charme und eine ganz selbstverständliche Würde, die es ihm erlaubt, einfach zu sein.

1957 legt er *Diario in pubblico* vor.

2

Das *Diario* ist nur ein Dokument. Es belegt zwar, daß Elio Vittorini, ein italienischer Schriftsteller und Dichter, für uns heute *der* italienische Schriftsteller und Dichter ist, aber es erklärt nicht, warum und wie ein sizilianischer Junge, der kaum Schulen besucht hat, zu einer so umfassenden Entwicklung von Intelligenz, Bildung und intuitiver Kraft kam, wie sie sich in dem Namen, den er trägt, verkörpert. (Ich vergesse Pavese nicht. Aber ich kann hier nicht auch noch über Pavese schreiben. Höchstens um darauf hinzuweisen, daß Pavese an dem gleichen Problem zerbrach, das Vittorini noch nicht aufgegeben hat: »wie die Tragödie des Einzelnen, mit einer vielstimmigen Gemeinschaftsseele zusammenströmend, in ihr aufgehen könne, wie man, den Ring seiner Einsamkeit zersprengend, dem Einzelnen Genüge tun und zugleich seinen Zusammenhang mit der Gesellschaft wiederherstellen könne« – so definiert es Alessandro Pellegrini im Vorwort zu Paveses *Gespräche mit Leuko.*) Manchmal verspricht Vittorini uns eine Autobiographie. Enthielte sie die Erklärung dafür, auf welche Weise er Vittorini geworden ist, so würde er uns etwas Einzigartiges bieten. Inzwischen müssen wir uns an sein Werk halten. Es ist Autobiographie, von der *Roten Nelke* bis zur *Garibaldina*, aber Autobiographie nicht als Erklärung, sondern als Ahnung, als Dichtung.

Als Vittorini zu schreiben begann, hatte der Faschismus gesiegt und mit ihm d'Annunzio, »der der sterbenden Romantik einen letzten, lärmenden Auftritt verschaffte«. Die Beziehungen zwischen dem Italien des neunzehnten Jahrhunderts und der Romantik sind schwierig zu dechiffrieren. Manzoni, Leopardi, besonders Leopardi, und Pellico werden von jeder Literaturgeschichte als Romantiker bezeichnet, aber erscheinen sie uns heute nicht eher als Klassiker? Doch da sie im Risorgimento lebten, da sie die Bildung Italiens zum Nationalstaat begleiteten, da sie sich gegen den Klassizismus wandten, da Manzoni Katholik war und Leopardi Ungläubiger, beginnt vielleicht wirklich mit ihnen auch im Lande der Klassik die Geschichte jener Gespanntheit, jener Zerrissenheit, jener Befreiung und Verirrung, die wir uns angewöhnt haben, als Romantik zu bezeichnen. Und sie sind es, die das Jahrhundert bestimmen, ganz einfach weil nach ihnen niemand kommt, der größer wäre als sie. Von Verga sagt uns Vittorini, er sei sehr groß; wir kennen ihn nicht. Wir kennen auch Carducci nicht, oder Fogazzaro, oder Pascoli. (Ich spreche nicht von den Spezialisten für italienische Literatur und nicht von gelegentlichen Übersetzungen.) Wenn wir völlig ehrlich sind, so müssen wir zugeben, daß für uns in Deutschland die italienische Literatur mit Manzoni endet und mit Croce wieder beginnt. Dazwischen liegt ein romantisches Halbjahrhundert, in dem man ein paar ruhige Realisten finden mag. »Carducci und Pascoli konnten uns auch gar nichts gelehrt haben«, lautet der überraschend direkte Satz, mit dem Vittorini das *Diario* eröffnet, dieser Panthersprung eines Satzes mitten in eine Situation hinein, in der sich der junge Vittorini ohne Respekt auf seine Suche nach Meistern begibt.

Er findet sie in Italien nicht, weil er sich weigert, die Alternative anzunehmen, die in Italien immer bereitliegt: die Wahl zwischen Romantik und Klassik. Er hätte sich für die Klassik entscheiden können, da er den Dilettantismus d'Annunzios verabscheute; die Jahre des sehr jungen Vittorini sind die Jahre der *Ronda*, einer römischen Zeitschrift, die klassische Stilprinzipien als Erwiderung auf ›den letzten lärmenden Auftritt‹ der sterbenden Romantik (id est: den Faschismus) programmatisch vertritt; und die besten Leute, die Vittorini vorfindet – Emilio Cecchi, Ricardo Bacchelli, Vincenzo Cardarelli –, schreiben im Sinn dieser Prinzipien. Aber natürlich wählt Vittorini nicht ihren Weg. Und Croce? »Croces Ästhetik ließ uns kalt wie ein nächtlicher Stern.« Aus den gleichen Gründen, aus denen Vittorini niemals wirklich Marxist wurde (obwohl er Gramsci begreift), konnte er auch nicht Hegelianer werden (obwohl er Croce versteht).

Er entscheidet sich vielmehr für die Moderne. Ich bin mir

des Leichtsinns bewußt, dem ich mich hingebe, indem ich diesen Namen verwende. Wir leben in den Jahren, in denen die Moderne langsam zum Gegenstand historischer Forschung geworden ist; sie geht weiter, aber sie ist doch in die Jahre gekommen. Was sie enthüllt, ist ein Janus-Haupt. Wir wissen heute, daß es eine konservative Moderne gibt und eine revolutionäre, eine reaktionäre und eine progressistische, eine rechte und eine linke, und zwar sehr oft innerhalb der stilistischen und gedanklichen Bewegungen, in denen sich die Moderne vollzieht: innerhalb des Expressionismus, des Surrealismus, des Geometrismus, der ›art informel‹. Die Dialektik des Geistes, die Spannung zwischen Irrationalem und Ratio, zwischen Existentialismus und Objektivismus, zwischen Mythologisierung und Aufklärung, bleibt innerhalb jenes Stilphänomens, das wir Moderne nennen, erhalten. Aber was ist dann die Moderne, wenn sie etwas ist, das es immer gegeben hat? Sie ist nichts anderes als eben jene Dialektik selbst, als die dialektische Schärfe, als die ganz neuartige Spannung zwischen Polen, deren Berührung die Stilphänomene zur Entladung bringt, die wir als die spezifisch modernen betrachten: den Choc oder das große elektrische Feld. Picasso oder Klee. Faulkner oder Proust. Beckett oder Vittorini.

In der subjektiven Natur des Künstlers ist die Moderne nichts weiter als eine neue Sensibilität, die Empfindung und schließlich die Gewißheit, daß unsere Zeit eine besondere, eine noch nicht dagewesene Art von Spannung ununterbrochen hervortreibt. Vittorinis Sensibilität war es, die ihn die klassischen oder romantischen Muster, die er vorfand, als unbrauchbar ablehnen ließ. Wir wissen inzwischen, daß er seine Meister im Ausland fand, zuerst in Frankreich, später vor allem in Amerika. In Italien fand er nur Svevo. »Blitzschnell wurden unsere Meister erkannt und ausgerufen« – das Wort ›unsere‹ ist eine Äußerung von Vittorinis Bescheidenheit: es waren vor allem *seine* Meister, die er für Italien und gegen den Faschismus ausrief. Da sich in Vittorinis und Paveses Bewußtsein der Bruch mit dem Alten und das Erkennen des Platzes, wo das Neue zu finden war, am genauesten vollzog, repräsentieren sie für uns heute die italienische Moderne wie niemand sonst. Ich korrigiere mich: sie benannten das Neue nicht nur, sondern sie schufen es auch, und sie schufen es am besten. Deshalb sind sie so groß, wie sie sind.

Die italienische Moderne kennt in sich einen besonderen, nur ihr eigentümlichen stilistischen Gegensatz; ihr Pendel schwingt von einem Punkt, den man als ›ermetismo‹ kennzeichnet, zu einem anderen, an dem das Wort ›neoverismo‹ steht. Die Geburt der hermetischen, der verschlüsselten Dichtung vollzog sich in Giuseppe Ungarettis Gedichtband *L'Allegria* (1919), und sie setzte sich fort in der Lyrik Eugenio Montales. Vittorini rät davon ab, Ungaretti und Montale zusammen zu nennen, weil er Montale höher schätzt und weil ihm Montales Poesie als nicht so hermetisch verschlossen erscheint wie diejenige Ungarettis. Beide sind große Lyriker, und ich halte an der gröberen Einteilung fest, denn auch Montales Gedichte sind nicht leicht zu verstehen, aber vor allem gehören sie, wie fast alle moderne Lyrik, in die Geschichte einer Suche nach der ›poésie pure‹ und stehen insofern im Gegensatz zum Neorealismus.

Dieser beginnt ein wenig später als die hermetische Dichtung. Er wird vorbereitet durch die naturalistischen Romane Moravias und, mehrere Stufen höher, durch Vittorinis Übersetzungen Faulkners, Hemingways, Steinbecks, Caldwells und Saroyans. Er manifestiert sich endgültig 1941, dem Jahr, in dem *Gespräch in Sizilien* als Buch vorliegt, und 1942, als Lucchino Visconti *Ossessione* dreht. (Man vergißt immer wieder, daß der Neoverismo keine Nachkriegsmode ist, sondern lange vorher, mitten im Faschismus, geboren wurde.)

Und es geschieht etwas Merkwürdiges. Das Genie, das im *Gespräch in Sizilien* wirkt, hält das Pendel, das zwischen der abstrakten Dichtung und dem härtesten Verismus schwingt, einen Augenblick an, so daß sich das Unerhörte ereignen kann: die grausamste Anklage wird zur reinsten Poesie, die zauberischste Schönheit zum furchtbarsten Schrecken. Das ist es, was gleich zu Beginn des *Gesprächs* sich abspielt, in jener Szene auf dem Dampfer nach Sizilien, in der Schilderung der Hände, die nach einer Orange suchen, in den Worten »Ein Sizilianer ißt nie am Morgen« – dem Präludium einer der gültigsten Stilbewegungen der Moderne, deren Qualität hinreichte, um das Bewußtsein und die Imagination einiger großer Regisseure in Gang zu bringen, so daß sie begriffen, was nötig war: eine poésie pure der optischen Härte. Dies war das Bild, das Vittorini ihnen bot, das er uns heute bietet: Abstraktion und Gegenstand, ja Prosa und Lyrik selbst, erscheinen in seinem Werk als Identitäten. Ihr Gegensatz bezieht sich auf etwas Untrennbares, auf die Substanz des Dichters, auf Vittorinis Sein. »Aber im Innersten war ich erregt durch gegenstandslose Leidenschaften, und ich glaubte das menschliche Geschlecht verloren, ich senkte den Kopf und es regnete, ich sprach kein Wort zu meinen Freunden, und das Wasser drang in meine Schuhe.«

5

An einer Stelle des *Diario* wendet Vittorini sich gegen Schriftsteller wie Shaw und Wells, an einer anderen bekennt er, Thomas Mann sei für ihn gänzlich ungenießbar, ja unverständlich. Auf seiner literarischen Landkarte sind die Schriftsteller der Rhetorik, des spekulativen Intellekts, die Stilisten des Kunstverstandes weiße Flecken. Ich werde nie ganz den Gedanken an Hamsun los, wenn ich *Gespräch in Sizilien* lese; ich finde, die Art, wie der ›Große Lombarde‹ oder Ezechiel auftauchen, sprechen, sind und wieder verschwinden, hat viel Ähnlichkeit mit der Weise, in der August Weltumsegler kommt und geht. Nun sind freilich Mynheer Peeperkorn und Lorchen, Pastor Jakob Morell und Eliza Doolittle so dichterische Gestalten wie Lovise Margrete und Edevart, wie der Mann N 2 und Berta, darauf muß ich bestehen. (Wie ich übrigens meine, der *Zauberberg* sei kein geringeres Werk als die von Vittorini so hochgeschätzte *Recherche* Prousts; vor allem ist er ein mit der *Recherche* durchaus korrespondierendes Werk. Ich gestehe, daß mein nationaler Stolz sich getroffen fühlt, wenn ich sehe, wie ein Geist vom Range Vittorinis die poetische Qualität solcher Gebilde wie *Unordnung und frühes Leid* nicht erkennt. Doch ich schweife ab.) Natürlich gibt es einen prinzipiellen Unterschied zwischen den Figuren Shaws und Thomas Manns und denen Hamsuns oder Vittorinis. Jene werden, indem der Erzähler über sie reflektierend erzählt, mit sich selbst und mit dem Leser verständigt, während diese nur in ihrem Sein und in dem zu ihrem Sein gehörigen Verhalten kommentarlos gezeigt werden. (Man spricht von einem Gegensatz der ›analysierenden‹ oder ›psychologisierenden‹ zur ›pragmatischen‹ oder ›mythischen‹ Methode: ich halte solche Begriffe für zu eng. Und zu Schiller zurückzukehren, zu seiner Unterscheidung des ›Naiven‹ vom ›Sentimentalischen‹, ist uns nicht mehr möglich.) Die Technik des reinen Zeigens entspricht Vittorinis Empfinden, der Struktur seiner dichterischen Phantasie; er fand sich darin durch die Lektüre Faulkners und Hemingways bestätigt (nicht Hamsuns, den er wahrscheinlich gar nicht kennt). Wir finden diese Technik übrigens in aller regionalistischen Literatur – die modernen Amerikaner, die Italiener seit Manzoni, Hamsun, Giono geben uns ja Dichtung von Regionen –, während die nationalen und kosmopolitischen Literaturen, die englische und die deutsche und der größte Teil der französischen Literatur, sich reflektierend und analytisch verhalten.

Es ist dennoch nicht möglich, Vittorini den integralen Charakter seiner sizilianischen und lombardischen Prosadichtung zu bestätigen und es dabei bewenden zu lassen. Denn er hat außerdem noch das *Diario* geschrieben. Die großen Regionalisten haben uns Bodö gegeben und Missouri, die Hochprovence und Paris als Exil, und sie haben uns diese Orte so gegeben, daß wir deren Universalität begreifen. Aber während sie in einem übertragenen und doch sehr realen Sinn niemals die Landschaft ihrer Dichtung verlassen, tritt Vittorini aus der seinen heraus. Sie verharren im Sein, und niemand macht es ihnen zum Vorwurf. Vittorini jedoch wechselt ins Bewußtsein hinüber. Sie dichten, und dann schweigen sie. Oder sie reden Belangloses. Aber Vittorini spricht. Er nimmt Stellung. Er kritisiert, er analysiert, er sucht, er irrt sich, er findet, seine Gegenstände sind groß und seine Meinungen genau. Daß er Tarquinio und die Garibaldina geschaffen hat, genügt ihm nicht: er will auch noch wissen, was er von Joyce zu halten hat und vom Bauhaus und von dem XX. Kongreß der Kommunistischen

Partei Rußlands. Und von sich selber. (Auf eine merkwürdige, schwer aufklärbare Weise haben seine Analysen dann doch etwas mit seinen dichterischen Gestalten zu tun. Das kritische Denken ist in sie hineinverschlüsselt. In diesem Sinne gebrauchte ich oben das Wort ›integral‹.)

Wäre er ein Schriftsteller à la Thomas Mann oder Wells oder Sartre, so böte er uns damit nichts Besonderes. Bei einem solchen ist das Kritisch-Rhetorische so mit dem Dichterischen einen und einigen Sinnes, daß wir uns gar nicht wundern, wenn es sich selbständig macht, wenn es mithin zu ›publizistischer Tätigkeit‹ kommt, zu politischen Analysen, zu literarischen Analysen, zur Philosophie, zur Kritik und zum Essay. Aber Vittorinis erzählendes Werk kennt die Reflexion nicht und schon gar nicht die Rhetorik und fast nicht einmal die interpretierende Beschreibung; es ist Ich-Roman in einem so ausschließlichen Sinn, daß es die Haltung des Erzählers, der irgendwo über seinen Gestalten steht und sie führt, unter keinen Umständen anzunehmen gewillt ist. Wenn an der Seite dieses Ich-Romans nicht das *Diario* ginge, erschiene uns Vittorini vielleicht nur als bewußtseinsloser epischer Poet. Das Ereignis des *Diario* besteht darin, daß ein Mann, der auf die extremste Weise subjektiver Dichter, ja dichtendes Subjekt ist, doch zugleich das Bild eines Menschen, eines Schriftstellers bietet, der sich ununterbrochen, über Jahre hinweg, seiner selbst bewußt wird, die Zusammenhänge feststellt, die zwischen ihm und der Welt bestehen, in das System seiner Beziehungen zur Umwelt eingreift. Die strahlende Intelligenz, die ihre Dichtung vor allem verschließt, was nicht zum Sein der Gestalten und Landschaften gehört, die sich in ihr bewegen, ist die gleiche, die sich in einem unaufhörlichen Tagewerk in der Öffentlichkeit, für die Öffentlichkeit, vom Zwang des Seins, vom Terror des Subjektiven befreit.

Ich finde nichts, was ich sonst noch zur Interpretation des *Offenen Tagebuchs* sagen könnte. Denn alles andere sagt es selbst. Es sagt, daß es eine Rechenschaft ist, die Rechenschaft eines Schriftstellers vor seiner Nation, in der aber unversehens diese Nation von ihrem Schriftsteller zur Rechenschaft gezogen wird. Es gibt die Geschichte einer künstlerischen und moralischen Stellungnahme, die, wie immer man zu ihr steht, groß genug ist, um uns alle zu interessieren und für uns alle, auch in Mitteleuropa, auf bestimmte Weise verbindlich zu sein. Vor allem weist es nach, daß man überhaupt Künstler *und* Moralist sein kann – gewiß, ich gebe zu, daß man nicht unbedingt beides zugleich zu sein braucht, aber so, wie es einen Vulgärmarxismus gibt, eine enge soziologistische Determination der dichterischen Existenz, so gibt es heute, in der Nachfolge Benns, in Deutschland einen vulgären Ästhetizismus, der jegliche Beziehung des Künstlers zur Gesellschaft, in der er lebt, zur Gesellschaft und zu seinem Gewissen, und die ganze Fermate von Form zu Inhalt frech in Abrede stellt. In dieser Hinsicht erfüllt das *Offene Tagebuch* eine aktuell-polemische Funktion. Es zeigt, daß man zugleich ein ausgekochter Ästhet und ein Schriftsteller des Engagements sein kann. Es legt ferner Zeugnis davon ab, in welcher Weise Vittorini seine Sprache gebraucht, wenn er aus ihr ein Werkzeug seines kritischen Intellekts machen will, und zu welchen durchsichtigen, facettenreichen und dynamischen Ergebnissen er dabei kommt.

Aber über solche und hundert andere Wirkungsmöglichkeiten weist die Grundbedeutung des *Offenen Tagebuchs* weit hinaus. Sie erinnert uns an etwas fast Vergessenes – denn daß man ein sehr reiner Dichter sein kann und zu gleicher Zeit höchstes Bewußtsein haben, daß Sein und Bewußtsein in der spannungsreichsten Beziehung zueinander stehen können, ohne sich gegenseitig zu zerstören, das hat man uns schon seit langer Zeit nicht mehr auf eine so exemplarische Weise gezeigt.

Die Blindheit des Kunstwerks

Theodor W. Adorno gewidmet

Golo Mann hat einmal in einem etwas elegischen Rezitativ über die deutschen Intellektuellen gemeint, Debatten über ›l'art pour l'art‹ seien stets das Zeichen einer stabilen Gesellschaft. Lassen wir die Frage beiseite, ob die Stabilität der Gesellschaft, in der wir leben, echt ist, oder ob es sich nicht um eine Schein-Stabilität handelt, gibt es doch höchst stabile Formen des Scheinens und ist es doch dem durch sie Betroffenen meistens gleichgültig, ob eine Ordnung selbst oder nur ihr Schein stabil ist. Sollten die Monopole es gelernt haben, dem Phänomen der zyklischen Krisen Herr zu werden, dem sie noch 1930 erlagen, so wird der Wirtschaftsfeudalismus unserer Gesellschaft stabil sein, wie auch immer wir seinen moralischen Rang einschätzen. Er wird sich dann zu einem ebenso geschlossenen System verfestigen, wie es die von Profitkrisen freie Machtordnung der sozialistischen Administration bereits darstellt. Die beiden Systeme werden dann nicht mehr ethisch miteinander verglichen, sondern nur noch anthropologisch konstatiert werden können, und die Menschen, die in ihnen leben, werden auf sie in der Weise der Anpassung reagieren. Im Sinne moralischer Wertungen vergleichbar ist nur eine geöffnete* mit einer geschlossenen Gesellschaft, nicht aber geschlossene Systeme, deren geistige Anstrengungen sich ausschließlich auf die Verwaltung jener Tabus richten, auf denen sie beruhen.

Noch ist es nicht soweit, und noch sehen wir die Kunst und die Disziplinen des Denkens damit beschäftigt, die Gesellschaft offen zu halten. Innerhalb dieser Bemühungen gehören die Äußerungen eines sich neu konstituierenden ›l'art pour l'art‹

* Zur Definition der ›geöffneten Gesellschaft‹: ihr vornehmstes Charakteristikum ist es, daß sie die Negation ihrer selbst zuläßt. Sie bringt den Mut auf, sich der Kritik ihrer Grundlagen zu stellen. Insofern ist sie die einzige Ordnung, die Freiheit verwirklicht.

zu den scheinbar radikalsten, weil sie die volle Autonomie der Kunst von der Gesellschaft verkünden. Ihr Anspruch geht nicht nur weit über jene alte liberale Forderung hinaus, die für den Künstler einfach ein möglichst großes Maß von Freiheit forderte, sondern er ist von ihr strukturell verschieden, indem er die absolute Geschiedenheit von Welt der Kunst und gesellschaftlicher Welt behauptet. Dem Zwang zur Form entsprechend, dem diese Richtung notwendig folgen muß, hat sie sich brillant formuliert: in der geistsprühenden rationalen Aphoristik eines Theoretikers der abstrakten bildenden Kunst, Albrecht Fabri, und in den späten denkerischen Provokationen eines großen Dichters, Gottfried Benn. Ohne im geringsten den Versuch zu einer Systematik zu machen, lassen Fabri und Benn, unabhängig voneinander, das Bild einer konsequent durchgeführten Ästhetik vor uns erstehen: einer Ästhetik, die in ihren letzten Ausformungen erklärt, der einzige Inhalt der Kunst sei ihre Form, und die Richtung, in der sich die Kunst bewege, die ›Erledigung der Wahrheit‹ zugunsten einer ›Fundamentierung des Stils‹*.

Die Lektüre der Schriften Fabris und Benns produziert zunächst einen Nebeneffekt: man beginnt zu vermuten, daß Literatur und bildende Kunst sich nicht miteinander vergleichen lassen, daß die vielbehauptete ›Einheit der Künste‹ nur schwer zu beweisen ist. Fabris Situation ist nämlich total verschieden von derjenigen Benns. Fabri kann von der Existenz der abstrakten Kunst ausgehen – er liefert einer Tatsache die Theorie. Benn hingegen befindet sich allein, wenn er den Inhalt zugunsten des Ausdrucks abwertet; eine große, rein formalistische Bewegung hat es in der Literatur niemals gegeben, sondern immer nur Einzelerscheinungen, wie Mallarmé oder den russischen Formalismus**; im allgemeinen ist in der Literatur-Theorie der Satz unumstritten, daß Inhalt und Form einander entsprechen müssen, nicht aber, daß sie miteinander identisch seien. Benn selbst beweist die Richtigkeit dieses Satzes, indem er für seinen Inhalt (die Behauptung vom Primat

* Gottfried Benn/Alexander Lernet-Holenia, *Briefwechsel*, Wiesbaden 1953, Seite 43.

** Victor Erlich, *Russian Formalism – History and Doctrine*, Den Haag, 1955.

des Ausdrucks) die Form der reinen Expression wählt. Wenn er etwa schreibt: »... denn in der Kunst geht es ja nicht um Wahrheit, sondern um Expression« *, so antwortet er auf die sich bei jedem halbwegs kritischen Leser sogleich einstellende Frage nach dem, *was* denn der Ausdruck ausdrücken solle, nicht vermittels logischer Explikationen (die es, im Sinne Benns, auf eine solche Frage auch gar nicht geben kann), sondern mit metaphorischen Beschwörungen – gewiß entzückenden Beschwörungen, wie dem Bild von Goethe als Balkongott – oder mit tragisch-sentimentalen Evokationen Flauberts oder Lionardos –, mit purer Ausdruckskunst also, die den, der sich ihrer halluzinatorischen Macht entzieht, zum Banausen stempelt. Erst wenn man dann die Bücher Goethes oder Flauberts aufschlägt, entrinnt man solcher Verurteilung; jede Seite der *Madame Bovary* oder der *Wahlverwandtschaften* versichert einem, daß hier nicht Ausdruck ausgedrückt wird, sondern Idee, Handlung, Zustand, Stimmung...

Fabri hingegen sieht seine Theorie bestätigt. Er stützt sich auf die Evidenz einer ausgebreiteten künstlerischen Form-Bewegung, wenn er schreibt: »Die Entdeckung, daß man mit der reinen Kombination farbiger Formen, unter dem Diktat der einzigen Logik des Ausdruckszwangs, ohne jedes Schielen nach anderem also, zu Bildern kam, in denen zum erstenmal die Malerei ganz sie selbst war: die Anordnung ihrer Materialien jetzt nicht mehr Inhalte bezeichnend – vielmehr ihrerseits der Inhalt –, diese Entdeckung lag zu nahe, als daß ihr nicht im selben Augenblick, in dem sie gemacht wurde, die Rolle eines sogar für den Blick zurück maßstabbildenden Prinzips zugefallen wäre.« ** Schließt man von einer so ausgezeichneten Definition der abstrakten Malerei auf die Literatur zurück, so wird man den Gedanken nicht los, daß Farben und Formen doch offenbar etwas ganz anderes sein müssen als Worte. Denn

* Gottfried Benn, *Altern als Problem für Künstler*, enthalten in G. B., *Gesammelte Werke* I, Wiesbaden 1959.

** Dieses wie alle weiteren Fabri-Zitate aus: Albrecht Fabri, *Interview mit Sisyphos*, Köln 1952. – Übrigens ist die historische Folgerung in Fabris oben zitiertem Satz sachlich falsch. Die im 19. Jahrhundert sich entfaltende Kunstgeschichte hat von ihrem Beginn an, also lange vor dem Auftauchen der abstrakten Malerei, Kunstwerke niemals anders beurteilt als nach ihren formalen Qualitäten.

die Verwendung von Sprache nach dem Prinzip, nach dem die Malerei Farben und Formen verwendet, hat bisher noch nirgends in der Literatur zu dem Ergebnis geführt, das doch in der bildenden Kunst offenbar vorliegt: dem Kunstwerk. Oder besser gesagt: es gibt keinen das sprachliche Kunstwerk beabsichtigenden Schriftsteller, der nach solchen Prinzipien verfährt. Betrachtet man literarische Artefakte, die auf den ersten Blick als Übertragungen abstrakter Bild-Methoden ins Literarische erscheinen, wie etwa die ›Anna-Livia-Plurabelle‹-Erzählung in Joyces *Finnegans Wake* oder Michaux' Prosa-Gedichte, so erkennt der zweite und alle folgenden Blicke sie unzweifelhaft als Realisationen sehr genau gemeinter Inhalte. Die vollkommene Abstraktion, ›unter dem Diktat der einzigen Logik des Ausdruckszwangs‹, ist bisher in der Literatur nur ein einziges Mal erschienen: nämlich in den automatischen Texten des frühen Surrealismus. Dort aber diente sie einem Ziel, das demjenigen Fabris und Benns genau entgegengesetzt ist – die automatischen Texte wollen den Raum der Literatur verlassen, sie wollen die Kunst – auf deren Autonomie es dem Formalismus einzig ankommt – sprengen. Bretons Intentionen leben aus der Verachtung alles dessen, was Fabri in den Satz faßt: »Kennen Sie Mallarmé? Le Livre, pflegte er zu sagen, und das L schrieb er groß.« Wie sehr Fabri sich täuscht, wenn er eine Analogie der abstrakten Malerei in der Literatur sucht, zeigt die folgende Behauptung: »Übrigens zeigt sich die Tendenz, das Sujet loszuwerden, keineswegs auf die Malerei beschränkt: dieselbe Tendenz läßt sich in der Literatur feststellen – ich erinnere an das Experiment des Dadaismus, das Wort unabhängig vom Begriff, einer davidistischen Schleuder gleich zu gebrauchen –...« Die Tendenz des Dadaismus bestand aber nicht darin, das Sujet loswerden zu wollen; er wollte vielmehr die Literatur loswerden, und seine Schleudergeschosse richteten sich nicht gegen den Inhalt, sondern gegen die Form, gegen das großgeschriebene Le Livre. Fabris eigene Prosa ist das genaue Gegenteil dessen, was er für seine Thesen zitieren möchte; sie ist das Modell eines scharf und elegant auf ihren Gegenstand gerichteten Instruments, und schier unglaublich mutet es an, wenn er, sobald er einmal nicht über die

Malerei, sondern über die Sprache meditiert, erklärt: »Nur das Konfuse ist das Ursprüngliche; es entscheidet über einen Schriftsteller, wieviel Unordnung in der Ordnung seiner Sätze gewahrt bleibt. Je weiter sich Sprechen vom Stammeln entfernt, desto leerer wird es. Der vollkommen rationale Stil hat Inzestcharakter.« Was soll, so fragt man sich, diese Denunziation der Aufklärung durch einen Schriftsteller, der sich sonst unentwegt auf Valéry beruft und dessen eigener Stil von hellster Rationalität zeugt?

Aber Fabris freche Frondeur-Attitude (»Vorher wär's gemütlicher gewesen, sagten die Kühe des Augias, als Herakles ausgemistet hatte. Man sieht, die Beschwerden gegen die Abstrakten sind nicht gerade neu.«) ist so sympathisch und das, was er verteidigt, so verteidigenswert, daß wir uns gerne von ihm zu einer Spekulation über die abstrakte Kunst verleiten lassen. Viele der Angaben, die Fabri über sie macht, leuchten unmittelbar ein, wie es überhaupt derzeit keinen besseren, weil keinen radikaleren Verfechter dieser künstlerischen Arbeitsweise gibt. Nur seine Bestimmung ihres Grundprinzips, eben jenes ›der Inhalt der Kunst ist ihre Form‹, erscheint von quälender Kurzatmigkeit. Man begreift nicht, warum Fabri sich die Frage nach der Ursache des Auftauchens einer solchen Bewegung nicht stellt. Er entzieht sich ihr ebenso, wie Benn verstummt, wenn man ihn nach der Bedeutung des Ausdrucks fragt.

Und doch gibt es eine Antwort. Die Abstraktion ist die instinktive oder bewußte Reaktion der Kunst auf die Entartung der Idee zur Ideologie. Es ist unnötig, den Prozeß dieser Entartung hier nachzuzeichnen; jedermann weiß, daß er stattgefunden hat. Als es sich immer deutlicher am Horizont des Geistes abzuzeichnen begann, daß die großen humanen und religiösen Ideen von den jeweils herrschenden Mächten zu Ideologien umgeformt wurden, als an die Stelle hoher Leitbilder, auf die der Mensch individuell und in Freiheit antworten konnte, die ideologische Gebrauchsanweisung trat, die den Menschen total umgriff, als so alle Inhalte fragwürdig wurden, weil sie sich auf gesellschaftliche Verfassungen bezogen, die von der Ideologie regiert wurden – in diesem historischen

Augenblick, der geistesgeschichtlich exakt bezeichnet werden kann, gab die Kunst eine radikale Antwort, indem sie sich vom Inhalt überhaupt zurückzog. Sie zog sich auf ein Feld zurück, auf dem sie von der totalitären Ideologie gar nicht mehr angesprochen, sondern nur noch verfolgt werden konnte; sie demonstrierte den Machthabern, daß alles, was Kunst intendiert, aufrechterhalten werden kann durch die pure Organisation von Formen und Farben. Seit dem Beginn des Jahrhunderts haben gerade die größten Künstler die Kunst auf diese Aufgabe vorbereitet, so daß sie sich gerüstet in der kryptischen Existenz der Verfolgtheit sah. Das ist der Grund, warum die abstrakte Kunst ihre tiefste Wirkung ausübte, als sie nicht mehr gesehen werden konnte. Jeder abstrakte Maler verwirklichte im Vorgang des Malens ein Stück persönlicher Freiheit, und das bloße Wissen davon, daß es solche Akte der Verachtung gegenüber den vom geschlossenen System vorgezeichneten Inhalten gab, trug dazu bei, das System selbst zu zersetzen. Da die Gefahr des Rückfalls in ein totalitäres Gesellschaftssystem heute unverändert weiterbesteht, bleibt auch die Kunst der Abstraktion weiter aktuell*. Was sich daraus ergibt, ist aber, daß die abstrakte Kunst sich insgesamt wie in jedem einzelnen ihrer Werke einen genauen gesellschaftlichen und metaphysischen Inhalt gegeben hat: abstrakte Kunst ist nicht Kunst ohne Inhalt, sondern Kunst des Aufstands gegen den zur Ideologie degradierten Inhalt in der Weise des Sich-Entziehens. Sie erfüllt ihre gesellschaftskritische Funktion, ganz gleich, ob der einzelne, abstrakte Kunstwerke machende Künstler sich dessen bewußt ist, oder sich ausschließlich als Artist fühlt.

Es ist schade, daß Fabri und Benn – die doch dazu berufen

* Die Erörterung der Frage, ob die abstrakte Kunst von einer geschlossenen Gesellschaft integriert werden kann, soll in dieser Untersuchung nicht aufgenommen werden. Andeutungsweise sei bemerkt, daß dies durchaus möglich ist, sofern die abstrakte Kunst ins rein Dekorative gerät. Jeder Kenner der heutigen Entwicklung weiß, daß diese Gefahr bereits in hohem Maße gegeben ist. Betrachter der großen Ausstellungen abstrakter Malerei berichten, daß man dort an kilometerlangen Wänden entlang geht, auf denen sich reine Material-Demonstrationen zu einer Schnur aus tödlicher Langeweile verknüpfen. So ist ein geschlossenes System durchaus denkbar, dessen Funktionäre sich in der Betrachtung völlig unverbindlicher Dekorationen vom Geschäfte der Macht ausruhen.

wären – eine solche Sinngebung der Abstraktion und des reinen Ausdrucks verfehlen. Man gewinnt bei der Lektüre ihrer Schriften den Eindruck, daß sie die Türe zur Kunst fortgesetzt in den Angeln bewegen, ohne sie wirklich zu öffnen. Ihr Denken über die Kunst hat etwas Tautologisches, denn es handelt sich um bloße Tautologie, wenn Fabri versichert, Kunst sei Form; und Benns in unendlichen Variationen immer wiederholter Satz, daß das Kunstwerk vollendet sein müsse, ist schließlich nichts weiter als eine erhabene Banalität, die nicht einmal stimmt, denn »das Kennzeichen des Kunstwerks ist eine alle Vollendung krönende Unvollkommenheit« *.

Besonders ungenügend wirkt die philosophische Grundlegung, die Fabri seiner Theorie gibt; wenn man seine aphoristisch-kesse Ablehnung jeglicher Subjekt-Objekt-Beziehung überhaupt als Philosophie bezeichnen will. Er bezeichnet solche Beziehung als »schizoide Aufteilung der Realität in die eigene und eine fremde. Wenn nämlich der abstrakte Maler gegenstandslos arbeitet, heißt das nicht primär, daß er keine Kühe oder Fischerboote malt: es heißt ursprünglicher, daß er die Voraussetzungen, unter denen es überhaupt erst Gegenstände – Entgegenstehendes also –, Ich und Nicht-Ich und die unübersteigbare Schranke zwischen beiden gibt –, daß er diese Voraussetzungen aufgehört hat, zu teilen. Gegenstand, das ist so oder so Industrie, Ausbeutungsgegenstand, Wert- und Wirtschaftsdenken. Aus eben dieser Weise des Denkens steigt der Abstrakte aus. In der abstrakten Malerei unternimmt das moderne europäische Ich den Versuch eines späten Tat tvam asi. Das Bild gewinnt Fetischcharakter zurück; das Ich kommuniziert.« Kurios, wie sich hier Falsches mit Richtigem mischt! Richtig ist, daß der abstrakte Künstler den Ausbeutungscharakter, den der Gegenstand im geschlossenen Machtsystem annimmt, erkennt. Fabri bestätigt so unsere Feststellung, daß die abstrakte Kunst eine Antwort auf die Entwürdigung des Inhalts zur Ideologie darstellt. Jedoch gewinnt nicht das Bild

* Richard Ott, *Urbild der Seele*, Bergen 1948. – Auf die Forschungen Otts zur Malerei der Kinder sei in diesem Zusammenhang besonders hingewiesen. – Selbstverständlich hat der hier zitierte Satz Otts nichts mit dem weiter oben zitierten Satz Fabris über die ›Konfusion‹ und das ›Stammeln‹ zu tun.

Fetischcharakter, sondern es ist, genau umgekehrt, eine Beschwörung der Freiheit gegen den Fetischcharakter, den der Gegenstand als Ware in der Wirtschaftswelt angenommen hat. Es bleibt unklar, was Fabri gegen das, was er als ›Subjekt-Objekt-Schema‹ bezeichnet, zu setzen hat. Das Verhältnis von Subjekt und Objekt ist nun einmal das erkenntnistheoretische Grundproblem; es kann nicht trickhaft aus der Welt geschafft werden. Auch das Verhalten des abstrakten Künstlers ist letzten Endes das Verhalten eines erkennenden Subjektes zu einer von ihm unabhängigen, real existierenden, objektiven Außenwelt; er leugnet sie nicht, sondern er lehnt sie ab, weil sie ihm gegenwärtig als Deformation jener Wahrheit gegenübertritt, die ihm mit der Schönheit identisch ist. Die ›Aufteilung der Realität in eine eigene und eine fremde‹ ist jedenfalls keine schizoide Zwangsvorstellung, sondern ein notwendiges dialektisches Spannungsverhältnis, das gerade von der modernen Kunst leidend ermessen wird. (Kunst ist überhaupt nicht aus einem Tat tvam asi heraus möglich, sondern nur aus Spannungszuständen.) Nicht einmal die neue Physik, die uns die Erkennbarkeit der Realität so außerordentlich schwierig gemacht hat, leugnet die reale Existenz eines zu erkennenden Objekts. In der Debatte um die Natur des Quantums oder der Welle, wie sie heute etwa zwischen Heisenberg und Fogarasi * – auch für Nichtphysiker durchaus verständlich – geführt wird, kann selbst der nachdrücklich idealistisch gesinnte Physiker Heisenberg die materielle Struktur der kleinsten Teilchen nicht in Abrede stellen. Existiert aber eine solche Materiestruktur, so muß sich der menschliche Geist zu ihr notwendig als Subjekt zum Objekt verhalten, und Fabri berät die abstrakten Künstler schlecht, wenn er ihnen statt realer Erkenntnis die feuilletonistische Variante eines unhaltbar gewordenen subjektiven Idealismus als Theorie anbietet.

Ein solcher Tatbestand berührt auch die Verwendung des Wortes ›Wahrheit‹ bei Benn. Wenn es in der Subjekt-Objekt-Beziehung eine reale, objektiv erkennbare, sozusagen wahre

* Werner Heisenberg, *Wandlungen in den Grundlagen der Naturwissenschaft*, Berlin 1948. – Bela Fogarasi, *Kritik des physikalischen Idealismus*, Berlin 1953.

Wahrheit gibt, dann hat die Kunst keinen anderen Sinn, als Wahrheit, freilich in der dem Kunstwerk eigenen Seinsweise, zu erkennen. Die formulierte Schönheit, von Picassos *Guernica* bis zu Benns *Morgue*, ist immer ein Stück erkannter Wahrheit. Anders wäre ja das zur schönen Form geronnene Entsetzen in diesen beiden Kunstwerken nicht zu rechtfertigen. Benns Satz, daß Kunst statt dessen die Wahrheit zu ›erledigen‹ habe, um ›Stil zu fundamentieren‹, erweist sich so als hohl klingende Provokation, auch wenn man ganz davon absieht, daß der Gegensatz der Wahrheit überhaupt nicht Stil heißt, sondern Lüge. Genau wie Fabri diskreditiert Benn die moderne Kunst, indem er zu kurz denkt. Anstatt im Rückzug des modernen Künstlers auf den ›die Zentren provozierenden Ausdruck‹ und auf die abstrakte Form einen über dieses Phänomen hinausweisenden Sinn zu erkennen, bleiben die den neuen ›l'art pour l'art‹-Standpunkt Formulierenden in der Faszination des Phänomens selbst befangen und setzen es autonom. In seiner Studie über Valéry hat Theodor W. Adorno * die den Wert des Artistischen entscheidende Qualität nachgewiesen: »Das zur äußersten Konsequenz gesteigerte l'art pour l'art-Prinzip transzendiert bei Valéry sich selber, treu dem Satz der *Wahlverwandtschaften*, daß alles in seiner Art Vollkommene über seine Art hinausweise. Der Vollzug des dem Kunstwerk selbst streng immanenten geistigen Prozesses heißt zugleich: Blindheit und Befangenheit des Kunstwerks überwinden.« Es kann also die Autonomie, das Für-sich-Sein einer Welt der Kunst nicht geben. Sie ist eine von vielen Formen der Erkenntnis, freilich eine der vornehmsten. Nur indem Kunst sich auf den alles Erkennen voraussetzenden Begriff der Wahrheit bezieht, erfüllt sie die Aufgabe, die Gesellschaft geöffnet zu halten. Freiheit, die Bedingung der Kunst, ist nur in einer die Bemühung um die Wahrheit offen haltenden Gesellschaft möglich. So mag Kunst von allem abstrahieren – und ihre Abstraktion vom Inhalt ist heute noch eine Erscheinungsform des Wahren –, von der Wahrheit selbst abzusehen, ist ihr, ihrem Wesen nach, un-

* Theodor W. Adorno, *Der Artist als Statthalter*, Merkur Nr. 69.

möglich. In der totalen Unwahrheit der geschlossenen Gesellschaft verstummt sie.

Aber wenn die Kunst nicht autonom sein kann, so ist sie doch völlig anders. Die Art, in der sie Erkennen betreibt, ist gänzlich verschieden von der Erkenntnisweise der Philosophie und der sich von der Philosophie aus verzweigenden Geisteswissenschaften (zu denen auch die Kunst- und Literaturgeschichte gehört), verschieden auch von der Religion wie von den Naturwissenschaften. Die Bedeutung aller ›l'art pour l'art‹-Aussagen beruht darin, daß sie das Bewußtsein von der Andersartigkeit der Kunst in die Erinnerung rufen. Die Besonderheit der Kunst wird erkennbar nur in einem Denken, das vom künstlerischen Produktionsprozeß selbst, vom Machen des Kunstwerks als einem formalen Erfassen intuitiver Vorgänge, ausgeht. Eine Theorie der Kunst kann nichts anderes sein als eine Identifikation des reflektierenden Bewußtseins mit dem Vorgang des Verfertigens von Kunst. Kunst-Theorie ist Deskription der Entstehung von Kunstwerken. Das meint Fabri, wenn er, über Kunstkritik sprechend, sagt: »Je reiner eine Kritik ist, desto mehr wird sie sich dem Typus der Atelierkritik nähern.« Nicht in der Behauptung von Autonomie, sondern in der Verteidigung der autonomen Entstehungsweise von Kunst liegt der außerordentliche Wert von Fabris und Benns Polemik. Insbesondere muß ihrem Widerstand gegen die Subsumierung von Kunst unter den Begriff der Kultur zugestimmt werden. Dieser Begriff, noch im 19. Jahrhundert ein legitimes humanistisches Leitbild, ist innerhalb der von Ideologien ausgefüllten Gesellschaft geradezu zum Gegenbild alles dessen geworden, was Kunst heraufruft. Kultur ist heute als Gegenstand staatlicher Verwaltung und Erzeugnis der nach ihr benannten Industrien das Anti-Künstlerische schlechthin; sie ist als Etat, terminiertes Programm, Tagung, ›Gespräch‹, Spielplan, paritätisch fixiertes Ausstellungswesen, Organisation von Akademien und Festspielen, Selbstkontrolle, ›Förderung‹ und Erziehung nichts anderes als ein totaler Versuch, den Strahlungskern der Kunst und des schöpferischen Denkens einzuzäunen und unschädlich zu machen. Selbst innerhalb unserer noch ein wenig geöffneten Gesellschaft ist der Kulturbetrieb als eine Welt des allgemeinen Geredes nichts anderes als die Administration von Tabus*. Es handelt sich um mehr als nur Ressentiments, wenn das neue ›l'art pour l'art‹ sich mit voller Schärfe gegen den frechen Anspruch wendet, den die gesellschaftliche Ideologie in der Form des Kultur-Rummels an die Kunst stellt; heute ist der Satz Fabris ›Kunst verhält sich indifferent zur Kultur‹, den vor ein paar Jahrzehnten noch niemand verstanden hätte, fast schon ein Gemeinplatz und jedenfalls ein Axiom jedes Künstlers, der diesen Namen verdient.

Dennoch: gegen die Versuche der Ideologie, die Kunst zu sterilisieren, bleiben Affront und Arroganz des ›l'art pour l'art‹ ein leerer Protest. Die Reduktion des Kunstwerks auf ein Arrangement formaler Qualitäten bewirkt heute nicht mehr als bestenfalls ein Dasein petrefaktischen Einschlusses in die großen Gesteinsschichten der Gesellschaft. Das ist es, was die Programmatiker des Formalismus verkünden: im Schweigen, im Dunkel, in der Blindheit und in der völligen Absonderung sollen die Kunstwerke ruhen – Konfigurationen eines göttlichen Kunstgewerbes. Aber Bilder und Gedichte sind keine Ammoniten. Sie sind lebendig. Unter dem Kleid der Form bewegen sie sich. Jedes vollkommene Kunstwerk ist ein gelungener Ausbruch aus der Blindheit der reinen, sich selbst genügenden Form.

So erklärt es sich auch, daß die Ästhetik des ›l'art pour l'art‹ es nicht wagen kann, sich den großen Ausbruchsversuchen der Literatur aus der Blindheit zu stellen. Sie muß verschweigen, daß nicht nur die bedeutenden, den Geist bewegenden Richtungen – der Surrealismus, der Existentialismus, die Literatur eines um seine Erneuerung ringenden Christentums –, sondern auch die meisten der für die Epoche repräsentativen individuellen Künstler von der Substanz sie bewegender Inhalte leben. Die Literatur ist Arbeit an den Fragen der

* Bezeichnend für den hier besprochenen Gegensatz ist das Bild, das die Tagung im Kulturbetrieb bietet, so etwa die repräsentativste deutsche Kulturtagung, das ›Darmstädter Gespräch‹, das sich im Jahr 1955 mit dem Theater beschäftigte. Die Debatten fanden nahezu ausschließlich zwischen Theaterdirektoren, Journalisten, Ministerialbeamten, Professoren und Kritikern statt. Die wenigen anwesenden Dramatiker beteiligten sich an den Gesprächen entweder überhaupt nicht, oder sie machten, wenn sie rhetorisch auftraten, schlechte Figur. In der Welt des Geredes über die Kunst sind die Künstler zum Schweigen verurteilt.

Epoche, auch wenn sie dabei die Epoche transzendiert. Erscheinungen wie Bernanos oder Faulkner können vom Formalismus überhaupt nicht begriffen werden, weshalb sie auch in seinem Stichwortverzeichnis nicht vorkommen, das überhaupt von bemerkenswerter Dürftigkeit ist – der Index des Dogmas von der reinen Form muß notwendig den Umfang eines Lexikons haben.

Indessen geht die Arbeit weiter. Was an Staffelei und Schreibtisch entsteht, bleibt weiter im Zweifel der dialektischen Spannung von Inhalt zu Form. Sieht man sich insbesondere unter den jüngeren Dichtern um – sie sind fast ausnahmslos damit beschäftigt, an der Literatur einer ziellosen, aber keineswegs sinnlosen Revolte zu schreiben –, so läßt nichts darauf schließen, daß sie bereit wären, den Sinn der Worte an ihren Klang zu verraten.

Notizen über Atmosphäre

Verschwinden des poetischen Gefühls der Ferne aus der Kunst, von einem Zeitpunkt an, der noch zu fixieren wäre. Die Ferne nicht identisch mit dem Exotischen; Gauguins wird es immer geben. Jedoch ging verloren, was Proust im Leser erweckt, wenn er von Swanns Neigung zu Holland berichtet, zu den Bildern von Vermeer. Man kann sich Swann imaginieren, wie er in einem noch langsamen Eisenbahnzug und allein nach Amsterdam fährt, lange in Betrachtung gewisser Valeurs verweilt; es ist die ideale Reise, die man selber immer vorhat. Besonderer Kunstgriff Prousts, Swanns Reisen nicht zu schildern, sondern sie nur quasi biographisch zu erwähnen; so wird die Ferne doppelt unerreichbar und fast unerträglicher Reiz, wie ein sehr seltenes Gewürz.

Man kann die Ferne in der nächsten Nähe aufsuchen. Fontane etwa erreicht sie in seiner Berliner Kleinwelt, mit Hilfe einer skizzenhaften Genauigkeit, wie Menzel. Monet findet sie bei Argenteuil, 1875, Cézanne noch um 1900 an der Marne. Ein Gang durch den Jeu de Paume ist eine Berührung mit dem Begriff der Atmosphäre als der Haut der Poesie. Poesie ist Gefühl der Ferne, oder sie ist keine.

Marginalie: Drei Gründe, um nach Paris zu reisen. Erstens die metaphysische Struktur von St-Pierre-de-Montmartre über Descartes und Port-Royal bis Beckett. (Bloy nicht zu vergessen!) Zweitens der Impressionismus. Drittens das Ineinander der Arbeiter- mit der Lumpen- und Bettler-Welt: Billancourt und Ménilmontant.

Sphäre und Atmosphäre. Die Sphäre als Kategorie der Idealität. Die Atmosphäre als Attribut des Realen. Klassik als sphärische Trigonometrie, ästhetische Verhältnislehre, arbeitet mit Sinus und Cosinus, Tangens und Cotangens, zur Bestimmung der Großkreise der Kugel, also idealen Abstraktionen. Der

Realismus interessiert sich für die Physik der Druckverhältnisse, für die Chemie der Gashülle. Mathematische Wahrheit der Klassik, empirische Wahrheit des Realismus. Monets Bild der Seine wahrscheinlich genaue Messung (künstlerisch: Empfindung) der troposphärischen Verhältnisse über Argenteuil im Sommer 1875. Cézannes Schritt vom Impressionismus zur Klassik (zum mathematischen Kubismus) wird mit einem Verlust an Atmosphäre erkauft.

Paradoxon als Rätsel: Warum vermittelt die exakte Untersuchung der Haut stärker das Gefühl von etwas Fernem als der Goldene Schnitt durch den idealen Körper?

Atmosphäre und Stimmung. Stimmung der künstlerische Sündenfall der Romantik, Stimmungsmache durch Projektion subjektiver seelischer Lagen auf die Objekte, ästhetisch belanglos, schon durch die Romantik selbst, später im Surrealismus ironisch organisiert. Indem er Stimmung von Atmosphäre unterscheidet, bildet der Leser, Betrachter, Hörer seinen Geschmack. Das sehr große Ingenium überführt fortwährend Stimmung (Subjekt) in Atmosphäre (Objekt), so Shakespeare, Rembrandt, Dostojewski, Faulkner.

Atmosphäre als Empfindung (= Messung) des Künstlers für jene Ferne, in die wir eingehen möchten, ohne sie zu erreichen: die Haut des Jenseits. Stimmung hingegen die Überschwemmung der Nähe mit Gefühl. Daher die gemütliche Stimmung in einem Theater auch bei einem ungemütlichen Stück, wenn es nur auf dem Prinzip der Stimmung aufgebaut ist (Strindberg).

Seltener Vorgang, daß ein ästhetischer Wert sogleich bei seinem Erscheinen vom literarischen Bewußtsein angenommen wird, wie dies mit dem Impressionismus von Baudelaire bis Henry James geschah. Auch die Kunstgeschichte reagierte sofort, in dem Abschnitt zwischen Huysmans und Meier-Graefe. Sogar die Philosophie: in Bergson. Man wird zu dem tautologischen Witz verführt zu sagen, die Atmosphäre habe in der

Luft gelegen. In welcher Luft? In der Luft der zweiten Hälfte des 19. Jahrhunderts, mit dem Dandy als Registrator. Näheres darüber bei Benjamin. Zu Benjamin wäre höchstens anzumerken, daß der Dandy wahrscheinlich nur eine ideale literarische Konstruktion war, daß es ihn in der Wirklichkeit vielleicht gar nicht gegeben hat. Doch ist dies nur eine Vermutung und übrigens nebensächlich. Im literarischen Bewußtsein (es gibt kein anderes) war die Figur des Dandy fällig.

Atmosphäre und Landschaft identisch. Landschaft jedoch als universaler Begriff einer neuen Sensibilität. Arles bildet für bestimmte Farben Van Goghs, St. Petersburg für die Gestalt Myschkins mehr als nur ein Szenario. Eine Idee, ein Mensch können zu Landschaften werden. Odette bei Proust – das ist eine Frau als Landschaft. Desgleichen die Schlüsse, die Kierkegaard über die Idee des Erotischen aus der Musik Mozarts zieht.

Zuerst allmählicher, später abrupter Rückzug der Atmosphäre aus der Kunst. Vorhanden noch bei Thomas Mann, den amerikanischen Epikern, Virginia Woolf, Joseph Roth. Zugleich geht sie verloren: im Expressionismus, in den Schreibweisen, die vom Willen diktiert werden.

Der frühe Tod von Juan Gris als Station des Abbruchs von Bildern, die mit zartester, verletzlichster Materie arbeiten. Übrig bleibt Picasso, der sphärische Klassiker, der trigonometrische Groß-Artist.

Feststellen, ob die ›valeurs‹ als malerischer Wertbegriff ihren Rang verlieren. In der Fachsprache der französischen Ästhetik sind sie die ›Werte‹ schlechthin und brauchen ihre Position nur mit dem Begriff der ›peinture‹ zu teilen.

Zunächst noch vager Eindruck, dem Werk von Joyce und Brecht fehle die heftige Beziehung zu dem, was man als schwebende Konstellation eines Kunstwerks bezeichnen könnte. Von Brecht läßt sich sagen, daß seine Lyrik dort am stärksten ist, wo sie sich in großen Flüssen treiben läßt.

Die amerikanische Literatur rückt seit drei Jahrzehnten aus dem Zentrum (mit der einen Ausnahme Faulkners), weil sie Atmosphäre nur noch organisiert, in Wirklichkeit aber ununterbrochen Willensrichtungen produziert (gewisse Bestseller von Rang, wie Mailers *Die Nackten und die Toten*, die Beatniks, in der Malerei Pollock, überhaupt der Tachismus). Starke Aggressivität ohne verändernde Wirkung auf das Bewußtsein, wie noch bei Hemingway, Faulkner, Scott Fitzgerald, Thomas Wolfe.

In der Zeitschrift *Evergreen Review* werden die Interieurs des neuesten, kostbarsten und teuersten Luxusrestaurants von New York beschrieben. Es enthält eine Skulptur von Hajdu, Tapisserien nach Bildern von Miró, eine Dekoration von Picasso, die ursprünglich für ein Ballett von Diaghileff gemalt worden war, und Jackson Pollocks ›Blaue Pole‹, die allerdings von einem Privatsammler ausgeliehen wurden und durch ein bei Mark Rothko in Auftrag gegebenes Bild ersetzt werden sollen. Das Ganze in einem ›setting‹, das Möbel von Mies van der Rohe mit Wiener Spitzen-Vorhängen und Feigenbäumen kombiniert, und ein hübsches Beispiel dafür, wie man versucht, Atmosphäre zu organisieren, wenn man sie nicht hat oder hervorbringt. Als Vergleich dazu diene die Erinnerung an das Schlafzimmer im Castello di Corte zu Mantua, in dem es unmöglich ist, die Fresken von Mantegna zu betrachten, ohne die Pferde der Gonzaga atmen zu hören, die nur zwei Türen weiter, auf dem gleichen Flur wie die Herzöge schliefen.

Der Regionalismus nur Rudiment einer Epoche, in der die Landschaft, wie bei Cézanne, Welt war.

Atmosphäre spielt in der Kunst die Rolle des Zaubers, der bei der Frau als Sex Appeal bezeichnet wird und der ja etwas ganz anderes ist als die Requisiten einer Statue des Fleisches, mit ihrem Zug ins Monumentale. Bei dem gewissen Etwas handelt es sich um eine jener Eigenschaften, die nicht erworben werden können. Ein Kunstwerk, eine Frau, haben Sex Appeal, oder sie haben ihn nicht. Doch kann die Anlage dazu latent sein, besonders in einem puritanischen oder klassisch-humanistischen (›vergeistigten‹) Milieu; man kann sie entwickeln.

Résumé: Atmosphäre, sich ausdrückend in Psychologisierung, Individualisierung, Beseelung von Menschen und Dingen, ist am stärksten ausgebildet bei den realistischen Epikern von Stifter bis Proust, als selbstverständliches Attribut der epischen Substanz. Wo Idealität und Expression herrschen, tritt sie zurück. Trotz ihrer Beziehung zur Mode ist sie gegenwärtig démodé. Wer sich zu ihr bekennt, zählt zur arrière-garde.

Die großen Metalladern der Epik werden von Drusen umgeben, Hohlräumen des Gesteins, deren Innenwände von Kristallen bedeckt sind.

Eine Emanzipation der Atmosphäre von dem Kern, den sie umgibt, ist unmöglich. Ein Fluidum, das nichts mehr verhüllt, ist physikalischer, ein Attribut, das nicht zu einer Substanz gehört, philosophischer Unsinn. Aufgabe des Künstlers ist es, die Poesie aus dem Inhalt zu entwickeln. Immerhin ist es im artistischen Produktionsprozeß möglich, von den Empfindungen, von Schwebezuständen her auf Substanzen zuzugehen.

Korrektur: Im Gegensatz zu Physik und Philosophie strebt die Kunst die vollkommene Identität von Aura und Gegenstand an, in der Art, wie Kristallgitter identisch sind mit den Erscheinungen der Lichtbeugung, an denen wir sie einzig erkennen, wenn wir nicht Mikroskope zu Hilfe nehmen.

Hofmannsthals ›Andreas‹ als Beispiel eines Scheiterns, das unausweichlich bleibt, wenn man versucht, ein Werk aus der Atmosphäre und aus ihr allein zu entwickeln.

Wiederkehr der Atmosphäre. Da die Landschaft verlorenging, entschließt das Kunstwerk sich, selber Landschaft zu werden. Das gelingt Schwitters, wenn er eine Fahrkarte der hannoverschen Straßenbahn und einen Fetzen Zeitungspapier auf ein paar Quadratzentimeter blau aquarellierten Papiers klebt, oder auch Nicolas de Stael in seinen großen glühenden Tafeln. Wiederum gelingt es nicht den Expressiven, den Organisatoren der vom Willen gelenkten Flecken und Spritzer, den Hasardeuren der Vitalität mit ihren trüben Weltanschauungen, in denen Protest und Dekoration verschwimmen.

Das Warten Wladimirs und Estragons, Murphys und Malones als das Warten auf die Valeurs, deren Kommen sie aus den äußersten Schemen, die sie sind, in die reinsten Figuren, zu denen sie werden, verwandelt. Aus dem Geist des Wartens, der Becketts Werk erfüllt, tritt die atmosphärische Intensität wie von selbst in die Figuren ein.

Was sich verändert, ist die Geschichte, und mit ihr die Struktur der Zeit. Was sich nicht verändert, das ist die Qualität der Kunst. Aber da Zeit und Kunst, Struktur und Qualität miteinander in Beziehung stehen, muß man sich daran gewöhnen, daß in Mahoods ortlosem Raum gerettet ist, was Swann sich von Vermeers Holland erhoffte.

Après

Ich gehöre einer Generation an, die noch die Renaissance Stendhals in Deutschland miterlebt hat: die beiden großen Stendhal-Ausgaben des Georg Müller-Verlags und des Insel-Verlags erschienen in den 20er und 30er Jahren, und ihnen schloß sich eine Stendhal-Mode an: ›De l'amour‹ wurde damals leidenschaftlich debattiert und geliebt.

Ich gehöre aber auch einer Generation an, die heute mit dem Werk Henry Millers konfrontiert wird; und ich führe diese Tatsache an, um zu zeigen, zwischen welchen Polen ein Begriff binnen weniger Jahrzehnte ausgespannt werden kann: in unserem Falle also der Begriff, oder sagen wir besser das Begreifen der Liebe.

Als wir in den 30er Jahren Stendhal lasen, setzten wir uns mit einer genialen Systematik des romantischen Liebesbegriffs auseinander; Stendhals volle Anstrengung gilt der Verzögerung der Erfüllung; ein Mann voll eiskalter Rationalität widmet sich gänzlich der Theorie jenes Prozesses, der dem Liebesakt vorausgeht und den er Kristallisation nennt. Er ist der Ansicht, daß die Größe einer Leidenschaft analog ist zur Länge ihres Kristallisationsprozesses und daß sie mit der Erfüllung erlischt.

Für Henry Miller hingegen gibt es keine Liebe außerhalb des Bettes. Die Liebe bei Henry Miller ist nichts anderes als eine Folge von Akten; von kleinen, sinnlosen actes gratuits, die dennoch zu einer großen, obszönen Chiffre der Welt verschmelzen.

Aber der Gegensatz zwischen Stendhal und Miller ist nur ein Scheingegensatz. Sie gehören zusammen: der romantische Systematiker aus der ersten Hälfte des neunzehnten und der Pan-Sexualist aus der ersten Hälfte des zwanzigsten Jahrhunderts. Es ist, als ob Miller aus der Angst Stendhals vor der Erfüllung die theoretische und praktische Konsequenz zöge; er stürzt sich sozusagen mit einem Kopfsprung in die Sexualität, in einen endlos verlängerten Rausch, aus dem es kein Erwachen geben soll. Beide handeln so, wie sie handeln müssen, aus ein und demselben Grund: aus der Angst vor der Entzauberung.

Mit den Gedanken des feinen und klaren Psychologen aus Grenoble, der das Geheimnis der Liebe retten wollte, hat ein hundertjähriger Prozeß der Entzauberung begonnen, der vorläufig mit den enthemmten Automatismen des kalifornischen Vitalisten endet. Im Zeitraum eines Jahrhunderts wurde die Liebe aufgeklärt, rationalisiert, entzaubert. Wir wissen jetzt, wie sie funktioniert, wie sie beginnt, abläuft und endet, wir können uns über ihre biologischen, psychologischen und soziologischen und sogar über ihre religiösen Bedingungen informieren, wir können in unseren Büchern neue Varianten ersinnen oder die alten Mythen in neue Formen gießen, aber wir haben entdeckt, daß wir an ihrem Mechanismus nichts ändern können. Die Entzauberung, die Aufklärung ist vollständig, und der höchste Punkt in dieser Landschaft des unbarmherzigen Lichts heißt Sigmund Freud. Man kann Freud verfluchen, wie man die Entwicklung des menschlichen Großhirns überhaupt verfluchen kann, aber man kann die Wahrheit seiner Libido-Theorie nicht leugnen. Er hat keine Thesen und kein Dogma aufgestellt, sondern das einzige getan, was ein guter Schriftsteller – und Freud war ein sehr großer Schriftsteller – tun sollte: er hat eine Information gegeben. An seine Informationen hat sich ein Schwanz von seichten Aufklärern gehängt, von Optimisten des Orgasmus, aber sie sind ohne Wirkung geblieben; in Wirklichkeit ist die Literatur über die Liebe seit Freud in eine Stimmung der existentialistischen Trauer, des Ekels und der Verzweiflung geraten, eine durchaus echte und wahre Stimmung, auch wenn sie von Françoise Sagan auf eine sehr modische Formel gebracht werden konnte. Die Liebe, die Liebe in unseren Büchern, ist Trauer über ihre Abwesenheit, und unsere Liebeshelden sind Helden, die nicht lieben können, weil sie zu genau wissen, daß sie eines Tages nicht mehr lieben werden.

Was also tun, wenn man zugleich weiß, daß eine Literatur, die auf das Thema der erotischen Spannung verzichten muß, schon fast keine Literatur mehr ist? Ich muß gestehen, daß ich auf diese Frage keine Antwort weiß. Der Prozeß der Aufklärung, von dem ich sprach, hat eine außerordentliche Variationsbreite der erotischen Darstellungsmöglichkeiten gebracht, er hat erotische Spielarten wie die Homosexualität und anderes ins Bewußtsein gerückt und damit literaturfähig gemacht, die vordem tabuisiert waren, und jene Schriftsteller, deren Interesse vornehmlich ein psychologisches ist, noch auf lange Zeit mit Stoff versorgt – die Psychoanalyse ist ein weiter Spielgrund der dichterischen Phantasie.

Aber die Psychoanalyse hat zugleich die Grundfrage nach der Freiheit im Eros verneint und ihn damit, zum erstenmal in der Geschichte des menschlichen Bewußtseins, als Wert in Frage gestellt. Denn die große Kunst greift immer nach Themen, die es ihr erlauben, das Problem der Freiheit zu stellen. Deshalb hat Kafka die Psychologie verneint, und deshalb herrscht bei ihm, bei Joyce, bei Proust, bei Beckett, bei Sartre nur Trauer über den Eros.

Dennoch ist die Trauer über den Verlust der Liebe vielleicht die einzige Möglichkeit, die Würde einer großen Leidenschaft zu bewahren. Denn in der Welt, in der wir leben, hat sich inzwischen die Liebe als Konvention und als Geschäft gespenstisch restauriert. Die große Möglichkeit einer Verwandlung des erotischen Lebens, die in der Emanzipation der Frau beschlossen war, ist verlorengegangen; wieder wird die Frau einzig als Puppe, als mächtiger Archetyp sexueller Wunschvorstellung auf den Bildern, die zum Massenkonsum bestimmt sind, konstituiert. Die Erotik der Konsum-Welt läßt sich durch das Star-Mannequin repräsentieren, also durch eine Form der Liebe, die Stendhal verächtlich als ›Liebe aus Eitelkeit‹ bezeichnet hat. Denn nicht einmal von Sinnlichkeit kann da mehr die Rede sein.

Das Kino der Autoren

1

Die Grundbehauptung André Bazins, des zu früh gestorbenen Chefs der *Cahiers du Cinéma*, war die Forderung nach dem ›cinéma impur‹. Er definierte damit die neuen französischen Intentionen. Dementsprechend kann Enno Patalas, der vorzügliche deutsche Filmkritiker, über Resnais' *Hiroshima mon amour* schreiben: »Kein anderer Film dementiert so nachdrücklich die vorgefaßten Konzeptionen des ›reinen‹, des ›filmischen‹ Films, wie sie die Avantgarde der zwanziger Jahre in der Praxis und Autoren wie Balacs und Arnheim in der Theorie begründet haben. Diese wollten den Film von der Literatur befreien, Resnais« (lies: Bazin, Astruc, Rohmer, Truffaut, Godard u.a.) »befreit ihn von dem Zwang, ›Film‹ zu sein*.« Die These vom Film als der ›siebenten Kunst‹ wird also abgelehnt. Aber was soll der Film sein, wenn Resnais nicht den Film aus ihm machen will? Patalas erläutert: »Film ist für ihn nicht mehr die ›neue Kunst‹, sondern das Medium, in dem alle Künste aufgehen**.« Eine fatale Antwort, denn mit dem gleichen Anspruch ist schon einmal eine andere Kunstform aufgetreten: die Oper. Der Film als Gesamtkunstwerk, Richard Wagner und Jean-Luc Godard, Bayreuth und die Cinecittà – das scheinen uns unmögliche Parallelen zu sein. Sie werden aber gezogen.

2

Das ›cinéma impur‹ also und das Dementi der Absicht, sich von der Literatur reinigen zu wollen. Hören wir uns weitere Nachrichten an: Der Regisseur Astruc erklärt, die Filme sollten ›Bekenntnis und Schöpfung eines Einzelnen‹ sein. Er nennt das: ›Caméra-stylo‹. Oder Truffaut: »Der Film von morgen erscheint mir noch persönlicher als ein Roman – indi-

* *Film-Kritik*, 4/60.
** ebenda

viduell und autobiographisch wie eine Konfession *.« Mit *Les quatre-cents coups* schreibt er sich seine ihn quälende Jugendgeschichte von der Seele. Desgleichen Godard, der durch seinen Kritikerfreund Moullet mitteilen läßt, *A bout de souffle* sei »ein Befreiungsversuch durch den Film. Godard ist deshalb nicht – nicht mehr – Michel« (der Held seines Films), »weil Godard *A bout de souffle* gedreht hat und Michel nicht**«. Folgerichtig postulieren die *Cahiers du Cinéma* das ›cinéma des auteurs‹. Immer wieder wird erklärt, daß sich der Filmschöpfer als Autor fühle, daß er die Kamera gebrauchen wolle wie eine Schreibfeder. Daher der Rückgriff auf den genialen, jung gestorbenen Jean Vigo, der mit *Zéro de conduite* (1933) eine Inkunabel persönlichster Film-Poesie bereitstellte. Daher der Angriff gegen die übliche Verfilmung von Literatur, die einfache Adaptation irgendwelcher Stoffe durch »Dramatisierung des Handlungsverlaufs, Vereinfachung der Psychologie, Übersetzung von Reflexion in Dialog, große Besetzung, geschmackvolle Dekoration, atmosphärische Fotografie: die gediegene Ausführung in kostbarem Material« (Patalas).

3

Hier beginnen bereits außerordentliche Interpretationsschwierigkeiten. Die Vermischung des Films mit der Literatur bezieht sich nämlich, wenn wir recht verstehen, nur auf einen zwar grundlegenden, aber doch engen Aspekt der Literatur: die Literatur als subjektive, persönliche Konfession. Ohne Zweifel ist Subjektivität das Element, das einen Text literarisch konstituiert. Individuation als Prinzip ist aber auch im literarischen Kunstwerk erhalten, das sich objektives Erkennen zum Ziel gesetzt hat, z.B. im Roman des 19. Jahrhunderts. Das autobiographische Bedürfnis ist ein sehr begrenzter Antrieb zum ›cinéma impur‹. Immerhin ist es ein starker, ein entscheidender Antrieb. Aber wird der Wunsch, sich vom Zwang des ›reinen‹ Films zu befreien, erhalten bleiben, wenn Godard nicht mehr Michel ist und nachdem Truffaut seine Kon-

* *Filmclub-Cinéclub*, 22/1960.
** *Film-Kritik*, 6/60.

fession gedreht hat? Bazin hat die jungen Regisseure auf Möglichkeiten der Verfilmung von Literatur hingewiesen, die über die Adaptation hinausgehen: auf Bressons Film *Tagebuch eines Landpfarrers* etwa, in dem sich die Qualität von Bernanos' Buch spiegelt. (Glücksfälle solcher Art sind in der Filmgeschichte freilich rar.) Malles *Zazie* und Claytons *Room at the top* zeigen, daß auch diese Chance weiter gesehen wird. Aber die Gefahr der Verwechslung von Subjektivität mit Subjektivismus erscheint bedrohlich, wenn man sich das Gros der Produkte ansieht. Man hat den Drachen der Literatur steigen lassen, aber die Schnur, mit der ihn die spielenden Knaben von der Rolle drehen, ist äußerst dünn.

4

Auf den ersten Blick erscheint es paradox, daß im gleichen Moment, in dem man die Verbindung von Literatur und Film proklamiert, das Medium, in dem sie sich bisher ausbildete, das Drehbuch, in seiner Bedeutung reduziert wird. Natürlich ist die Behauptung, die jungen Regisseure gingen einfach auf die Straße und überließen sich dort ihren Gefühlen und der Kamera, eine Legende. Aber keine Legende ist es, daß sie nur ungern nach festgelegten Drehbüchern arbeiten; sie suchen vielmehr nach literarischen Vorlagen, die ihnen einen weiten Spielraum spontaner Interpretation lassen, was die Beliebtheit der Texte von Marguerite Duras erklären mag. Das Drehbuch – ohne das es technisch nur selten geht – wird dem Prinzip der ›caméra-stylo‹ untergeordnet, und zwar nicht nur bei den ersten Filmen, sondern auch in einem fortgeschrittenen Stadium der Entwicklung. So erklärt Resnais, während der Dreharbeit von *L'Année dernière à Marienbad*, der Interpretation eines Romans von Robbe-Grillet, nach dem Gegenstand dieses Films befragt: »Auf diese Frage könnte ich leichter in einigen Monaten Auskunft geben, weil dieser Film sowohl für Alain Robbe-Grillet, der das Drehbuch schrieb, als auch für die Schauspieler und für mich selbst eine Reihe von Rätseln darstellt, die wir dadurch zu lösen suchen, daß wir den Film drehen*.« Das

* *Süddeutsche Zeitung*, Gespräch mit A.R., 15./16.10.60.

Drehbuch wird hier auf geistvolle Weise als Fragebogen behandelt. Der absolute Geniestreich der neuen Bewegung, Godards *A bout de souffle*, beruht auf einem Zehn-Zeilen-Exposé von Truffaut. Über seine Realisation berichtet Patalas: »Godard läßt minutenlange Dialoge von seinen Helden sprechen, während sie die Champs-Elysées entlangschlendern; Raoul Coutard, der Kameramann, hat sich in einem kleinen Dreiradwagen vor ihnen herfahren lassen, und man sieht deutlich, wie sich Passanten auf der Straße nach der Gruppe umdrehen – ein ›Schnitzer‹, der keinem Routinier passieren würde. Die Frechheit, mit der sich Godard mit der Kamera auf die Straße wagt, ist aber die Voraussetzung für die in die Augen springende Realistik des Films. Godards Kamera scheint wirklichkeitshungrig zu sein. ... Die besten Resultate zeitigt Godards erfinderische Kühnheit in der elliptischen Montage einiger Szenen. In fortlaufenden Einstellungen – etwa der Großaufnahme eines Dialogpartners der Amerikanerin – fehlen zwischendurch Stücke, so daß die Bewegungen ruckhaft werden, wie bei einem schadhaften Filmstreifen. Bald merkt man die Absicht hinter diesem rüden Verfahren: die Einstellung wird auf diese Weise auf die wichtigsten Stellen in ihrem zeitlichen Verlauf reduziert. Statt so zu inszenieren, daß nichts Unwesentliches in der Einstellung vorgeht – was stets eine Stilisierung bedeutet –, werden nachträglich die unwesentlichen Partien eliminiert. Es entsteht ein Stenogrammstil*.« Solche Methoden, die in Malles *Zazie-Film* und in Truffauts *Tirez sur le pianiste* in die äußerste technische Dynamik getrieben werden, lassen sich in Drehbüchern gar nicht mehr fixieren. Statt dessen spielt die Montage in der Auffassung, wie Eisenstein sie entwickelt hat, eine hervorragende Rolle.

Die Befreiung des Regisseurs vom Drehbuch soll dem ›cinéma impur‹ dienen; darin liegt die Aufhebung des Widerspruchs, daß man die Verbindung zwischen Literatur und Film wünscht, die klassische Form dieser Verbindung aber, das Drehbuch, löst. Die neue Dramaturgie will den Regisseur in einen Autor verwandeln, den Film in ein ›cinéma des auteurs‹,

* *Film-Kritik*, 6/60.

die Technik in ›caméra-stylo‹. Man kann es nicht oft genug wiederholen, daß solche Intentionen ausgesprochen worden sind. Sie wurden präzis formuliert. Betrachtet man aber die Praxis, so ergibt sich ein verwirrendes Bild. Man erblickt dann – mit der Ausnahme von Resnais – keine Beziehung der neuen Regisseure zur Literatur im Sinne literarischer Bildung, umfassender Intellektualität, persönlicher Beziehung zur Dichtung. Wie seit eh und je in der Filmgeschichte werden bedeutende Filme nach sehr kleinen literarischen Vorlagen gedreht. In vielen Fällen erschöpft sich mit dem ersten Konfessionsfilm der Regisseur als Autor. Dennoch erscheint der neue Film auf eine spezifische Weise literarisiert, und zwar nicht nur dadurch, daß die Sprache und das Sprechen in ihm eine außerordentliche Rolle spielen. Es handelt sich da mehr um ein Fluidum; zwischen eleganter These und vagem Empfinden fehlt der vermittelnde Gedanke. Die ›Ecole Cahiers‹ hat die Kritik entwickelt, ehe sie ihre Zöglinge in die Aktion entließ, aber zwischen Kritik und Aktion fehlt die Theorie, das Durchdenken der Lage. Das kann nicht anders sein. Die Theorie einer literarischen Ästhetik des Films kann nicht vom Film, sie muß von der Literatur geleistet werden.

5

Unser Verdacht, der neue Film wolle sich mit der Literatur einlassen, ohne die Folgen des Verhältnisses recht einzuschätzen, verstärkt sich, wenn wir den Kult des sogenannten B-Films beobachten, den die junge französische Regieschule betreibt. B-Filme sind in den USA billig hergestellte ›thrillers mit rasanter Aktion‹ (Patalas). *A bout de souffle* ist ausdrücklich der Firma Monogram Pictures gewidmet, die solche Filme exportiert; Godard will mit dieser Widmung, die den Film einleitet, dezidiert seine künstlerische Herkunft mitteilen. In den französischen Listen der ›Besten Filme des Jahres‹ rangieren regelmäßig Filme wie Howard Hawks' *Rio Bravo*, Aldrichs *Kiss me deadly* oder Nicholas Rays *Party Girl*, – Westerns und ›films noirs‹, die in anderen Ländern und in den USA gänzlich unbeachtet bleiben. In diesen Komplex gehört auch die hohe Schätzung Hitchcocks, dem Chabrol und Rohmer eine umfangreiche Studie gewidmet haben. Godard hat diesen ›trend‹ in der Sequenz der stummen Zwiesprache seines Helden Michel mit einem Foto von Humphrey Bogart auf eine Formel gebracht.

Kolportage kann ein Stilmittel sein, auch wenn sie von jenem Teil der deutschen Literaturkritik, die Hemingway und Graham Greene am liebsten ins Regal des gehobenen Zeitvertreibs verweisen möchte, als solches noch nicht wahrgenommen worden ist. Ein Roman, ein Film brauchen nicht unbedingt langweilig zu sein, damit man sie ernst nehmen kann. In einer ganzen Reihe von neuen französischen Filmen wird Kolportage in Semantik verwandelt; die Attribute des schwarzen Milieus erscheinen als Zeichen metaphysischer Situationen. Spezifisch literarisch ist auch der eigentliche Grund für die französische Neigung zum B-Film: die schon seit Gide traditionelle Fasziniertheit von machtvollen Bildern eines brutalen Milieus mit einsamen Helden, wie sie die amerikanische Literatur bietet; die ›Verwandlung der griechischen Tragödie in eine Detektiv-Story‹, von der Malraux anläßlich Faulkners *Sanctuary* bewundernd spricht. Natürlich schätzt man am B-Film nichts als die unbewußt enthüllenden Bilder der amerikanischen Realität, die er liefert. Andererseits aber baut sich auf dem B-Film eine filmische Ästhetik auf, die den Zeichencharakter emanzipieren und den Film zur reinen Formsprache reduzieren will. Es wäre leicht, diese Tendenz bei Chabrol nachzuweisen, dessen Filme mit der kryptofaschistischen Mentalität gewisser Teile des jungen französischen Bürgertums korrespondieren; signifikanter ist es, wenn ein ausgesprochen links engagierter Kritiker wie René Guyonnet erklärt: »Ich weiß, es ist leichter, Filmen wie *Stars* oder *Come back, Africa* zuzustimmen, deren klassischer Humanismus und thematische Noblesse deutlich genug ist – auch wenn ihre filmische Sprache vielleicht nicht so bedeutend ist wie ihre Themen. Sogar ein Film wie *Pather Panchali*, der Gefühl für die Poesie seiner Bilder und seiner Musik verlangt, bietet wenig Schwierigkeiten, denn er enthält nichts, was sich störend zwischen seine Poesie und seine Betrachter schiebt. Aber Westerns und ›films noirs‹ sind vielleicht der beste Test für den Film-Kritiker, denn ihr Wert besteht sehr oft in weiter nichts als ihrer Form, ihrer Technik, ihrer Ikonographie, kurz, aller Elemente, die den Film von der Literatur scheiden*.« Hier geht man also plötzlich wieder auf die Theorie der ›siebenten Kunst‹ zurück, in striktem Gegensatz zu allem, was Bazin angedeutet und Resnais ausgeführt hat. René Clairs Grundsatz, 35 Jahre früher formuliert, wird wieder voll in seine Rechte eingesetzt: »Die einzige Sache, die im Film zählt, ist der Wert des Bildes an sich, und nicht die Handlung, die bloß eine Vorlage ist.« Die These wird bis zur letzten Konsequenz entwickelt, wenn ein Kritiker wie Fereydoun Hoveyda einem Film wie Rays *Party Girl* in den *Cahiers* einen elf Seiten langen Essay widmet. Ohne Umschweife erklärt Hoveyda: »Das Thema von *Party Girl* ist idiotisch«, um daran die Frage zu hängen: »Aber ist damit irgend etwas gesagt?«, und dies ist die Antwort, die er darauf gibt: »Sollten die Verwicklungen der Handlung, die sich auf der Leinwand entrollen, das Substrat des kinematographischen Werks bilden, so bliebe uns nur übrig, die siebente Kunst an die Literatur anzuhängen und die Spalten der ›*Cahiers*‹ zu verlassen, um uns der literarischen Kritik zu widmen.«

Der Gedanke, der Film könne in der Tat ein Annex der Literatur sein, scheint für die Filmkritiker undenkbar zu sein. Auf jeden Fall betrachten sie ihn als diffamierend. So jedenfalls wird Bazin dementiert und die Ästhetik des ›cinéma impur‹ daran gehindert, den letzten, den entscheidenden Schritt zu tun.

6

Die englische Filmkritik hat der Katze sogleich die Schelle angehängt. Es hat nichts mit nationaler Rivalität zu tun, wenn die Gruppe um *Sight and Sound* ihre Position gegen die *Cahiers du Cinéma* absteckt, denn das Britische Film-Institut muß sich auch gegen die jüngere englische Kritik wenden, die in *Oxford Opinion* die Thesen der ›Action Cahiers‹ begeistert auf-

* Zitiert nach *Sight and Sound*, Autumn 1960, wie alle weiteren Zitate in Abschnitt 5 und 6.

greift und aus dem B-Film-Kult die extremen ästhetischen Konsequenzen zieht. So kann man über das momentane ›Meisterwerk‹ der B-Film-Mode, Samuel Fullers *The Crimson Kimono*, in *Oxford Opinion* lesen: »Fuller ist dann am besten, d.h. am schönsten, wenn seine Ideen am wenigsten inspiriert sind. Die aufregendsten Bilder kommen, wenn er totalen Unsinn produziert.« Über einen B-Western, *Comanche Station*, heißt es: »*Comanche Station* benutzt seine Struktur nicht als Rahmenwerk für Ideen. Tatsächlich hat der Film so gut wie nichts zu sagen.« Über *Party Girl:* »Dieser Film enthält eine Einstellung mit einer liegenden Frau, die ihre Hände in einem Bad bewegt, dessen Wasser rot ist vom Blut aus ihren aufgeschlitzten Schlagadern. Sogar an Rays Standard gemessen, ist diese Sequenz außerordentlich schön« (outstandingly beautiful). Über Anthony Mann: »Er scheint uns eines Kults viel würdiger zu sein als John Ford; mindestens hat Mann niemals einen langweiligen Film gemacht.«

Penelope Houston und Richard Roud haben in der letzten Herbstausgabe von *Sight and Sound* diesen Tendenzen ihre volle Aufmerksamkeit gewidmet und sie ebenso gründlich wie glänzend analysiert. Hier befinden wir uns im Zentrum der europäischen ästhetischen Probleme überhaupt, und nicht nur in ihrem den Film betreffenden Ausschnitt, wenn man sie zur Kenntnis nimmt.

»Vieles in diesen Ansichten«, schreibt Miss Houston, »stammt aus den *Cahiers du Cinéma*, zusammen mit der Liste der bewunderten Regisseure. Und es ist diese Liste, die fundamentale Gegensätze zu unserem Standpunkt enthüllt. Ein Brief von Ian Jarvies, einem der jungen Kritiker, gab uns schon vor zwei Jahren einen Hinweis. ›Die Jungen‹, so schrieb er, ›bewegen sich auf einer seltsamen, isolierten, fast idiosynchratischen Linie: sie bevorzugen den späteren gegenüber dem Vorkriegs-Hitchcock, sie vergnügen sich an schnellen, harten, möglicherweise sadistischen Gangsterfilmen, sprechen rhapsodisch über Nazifilme und langweilen sich beim Neorealismus und *Free Cinema*.‹«

Miss Houston nimmt sich des Phänomens mit großer Geduld an. »Glänzendes Handwerk«, so räumt sie ein, »auch wenn es an Themen von größter Banalität arbeitet, kann eine berauschende Erregung um der Erregung willen hervorrufen; die Bedingungen der Filmarbeit erlauben es beinahe keinem schöpferischen Arbeiter, ununterbrochen nichts anderes zu sein als Künstler, und so sind wir daran gewöhnt, das, was uns begeistert, in Werken zu finden, die nur zur Hälfte Kunstwerke sind; mitanzusehen, was das erstklassige Talent aus einem drittklassigen Sujet macht, sogar mitzuerleben, wie es gegen das Sujet arbeitet, um ihm etwas von seinem eigenen Inneren mitzuteilen. Besonders im amerikanischen Film wird man ja vom ›großen Thema‹ oft geradezu erschlagen; es sind die gelegentlichen Blicke auf die Realität, die uns viel mehr erfahren lassen. Aber von dieser Erfahrung her zu dem Glauben zu wechseln, das Thema als solches sei stets belanglos, heißt einen widersinnigen Sprung machen... Eine solche Haltung ist aber, wie man vermuten darf, weit verbreitet. Und sie ist verständlich. Die Generation, die während der letzten Jahre herangewachsen ist, betrachtet Kunst als eine Art Rauschmittel: Filme, die Nerven und Gefühle strapazieren; Jazz und die Erregungen, die ihn umgeben; manierierte Schauspielkunst mit ihrer sorgfältig geplanten Illusion von Spontaneität. Das Verbrechen wird auf der Leinwand als Stimulans betrachtet, und alles, was als langsam oder gefühlvoll bezeichnet werden könnte, ist verdächtig. Im Widerspruch dazu herrscht wenig Vorliebe für das bewußt Zynische und geistvoll Versnobte. Man ist weit entfernt von Enttäuschung oder dem Gefühl einer Niederlage; es handelt sich einfach um Gleichgültigkeit aller Kunst gegenüber, die sich nicht auf die eigenen Maßstäbe bezieht, und den kritiklosen Glauben daran, diese Maßstäbe seien die einzig wertvollen... Der Zeitraum zwischen meiner eigenen Oxford-Generation und der gegenwärtigen Gruppe von Oxford-Kritikern beträgt nur zwölf Jahre. Aber diejenigen von uns, die während des Krieges aufwuchsen, als das Verbrechen uns zu sehr auf der Haut brannte, die infolgedessen ihre Haltung zum Film in der Zeit des neorealistischen Experiments, des großen Ausbruchs von Kriegs- und Nachkriegsrealismus definierten, sind nicht geneigt, Kunst und Moralität, Kunst und Gesellschaft in ihrer Vorstellungswelt voneinander zu trennen... Die Schwäche der *Cahiers*-Schule, sowohl in ihrem eigenen Land wie unter ihren Exponenten bei uns, scheint darin zu bestehen, daß sie einfach keine Erfahrung anerkennen will, die nicht im Film selbst stattfindet. So wird ihre kritische Sprache Fachsimpelei für die Eingeweihten, ihr Enthusiasmus grenzt sich selber ein, er introvertiert, so daß der Wert eines Films nicht mehr in seiner Beziehung zu einer Gesellschaft gesehen wird, aus der er sein Material bezieht, sondern in Beziehung auf andere kinematographische Erfahrungen. Man gefällt sich in Hermetik, so, als hätten die Adepten sich entschlossen, im Dunklen zu leben, als kämen sie nur manchmal heraus wie Maulwürfe, um ins grausame Licht zu blinzeln und ein paar Atemzüge frischer Luft zu schnappen, ehe sie wieder in die Dunkelheit eines anderen Kinos eintauchen.«

In solchen Analysen spiegelt sich die Tatsache, daß der junge englische Film, im Unterschied zu einem großen Teil der neuen französischen Produktionen, die Verbindung mit der Gesellschaft hält, ihr – auch im Zustand der Empörung und des Ärgers – kritisch dienen will. So betrachtet etwa die aus dem Redaktionsstab von *Sight and Sound* hervorgegangene ›Free Cinema‹-Produktion als ihr Hauptanliegen die »nonkonformistische filmische Darstellung der sozialen Wirklichkeit«. Ihr Einfluß auf die kommerzielle Produktion ist deutlich: Filme wie Jack Claytons *Room at the top*, Tony Richardsons *Look back in anger*, Karel Reisz' *Saturday Night and Sunday Morning* wären ohne ›Free Cinema‹, der Richardson, Reisz und Lindsay Anderson, dessen Spielfilm-Debut bevorsteht, direkt angehören, nicht denkbar gewesen. Diese Entwicklung des englischen Films hängt natürlich zusammen mit der Wendung der jungen englischen Literatur seit dem Auftreten der ›angry young men‹. Der Aufruhr gegen das ›establishment‹, die Kultur der »kleinen grauen Stücke, die in kleinen grauen Theatern gespielt werden« (um das Mißvergnügen Noel Cowards an ihnen zu zitieren), die Brecht-Exegese Kenneth Tynans – in der Liebe zu Brecht finden übrigens die jungen Franzosen und die jungen Engländer wieder zusammen – haben den englischen Film zum eigentlichen und einzigen Erben des italienischen Neorealismus gemacht. »Ich halte es nicht für einen Zufall«, schreibt Alan Lovell im *New Statesman*, »daß England, das einzige Land, in dem die Linke Zeichen einer echten Erneuerung gezeigt hat, in *Saturday Night and Sunday Morning* einen Film schuf, der den Neorealismus in aufregender Weise anwendet und weiter entwickelt.«

7

Die Geburt eines neuen englischen Films aus dem Geist der Literatur befindet sich noch in den Anfängen, und es ist keineswegs sicher, daß sie gelingen wird. Es gibt aber, wenn wir die schön formulierten Unklarheiten der französischen Schule einmal beiseite lassen, außerdem drei Zentren einer literarisch-filmischen Synthese: den japanischen Film, die Filme Ingmar Bergmans und die Filme der großen italienischen Regisseure. Vielleicht ist der japanische Film das reinste Beispiel einer ganz selbstverständlichen Bindung des Films an die Literatur – die Werke von Kurosawa oder Inagaki erwecken den Eindruck, als lebten ihre Schöpfer einzig der Aufgabe, die klassische japanische Literaturtradition ins neue Bild zu übersetzen. Im Laboratorium Bergmans hingegen spielen die klassischen Elemente die geringste Rolle. Im Glücksfall eines Meisterwerks wie *Smultronstället* gibt uns Bergman den europäischen Roman als Film. Bergman ist ein einzelner, in dessen Werken sich Dichtung und Optik amalgamieren. Italien bietet im Vergleich dazu das Bild der fast geschlossenen Partizipation einer Nationalliteratur am Film. Diese Teilnahme ist kein mechanischer Vorgang der Arbeitsteilung, sondern eine natürliche Bewegung des italienischen Sinnes für Modernität. Der Neorealismus wurde bekanntlich gleichzeitig in der Literatur durch Vittorini und Pavese, im Film durch Visconti erschaffen. Die Zusammenarbeit großer Autoren mit dem Film ergab sich ganz von selbst; ohne die Namen von Zavattini, Flaiano, Brancati, Bassani, Moravia, Bartolini u.a. ist der italienische Spitzenfilm auch heute nicht denkbar.

Die Misere des deutschen Films ist nicht, wie ein weitverbreiteter Irrtum vorgibt, auf die Unbildung und Profitgier der

Produzenten zurückzuführen, sondern auf die vollständige Interesselosigkeit der deutschen Literatur am Film. Der deutsche Dichter geht nicht ins Kino. Würde die Haltung des deutschen Schriftstellers zum Film sich aus aristokratischer Verachtung und passivem Abwarten (bis der Film an ihn herantritt), in aktiven Anspruch verwandeln, so wäre der deutsche Film morgen die Kunst, die er sein könnte. Der Kritiker dieses Zustands schließt sich von seinem Vorwurf nicht aus. Es gibt da die denkwürdige Mahnung eines unverdächtigen Mannes. »Ich weiß«, sagte er, »es gibt eine Weise, diese Dinge zu sehen, die legitim ist von einem anderen Standpunkte aus, und die nichts anderes in alledem sieht als ein klägliches Wirrsal aus industriellen Begehrlichkeiten, der Allmacht der Technik, der Herabwürdigung des Geistigen und der dumpfen, auf jeden Weg zu lockenden Neugierde. Mir aber scheint die Atmosphäre des Kinos die einzige Atmosphäre zu sein, in welcher die Menschen unserer Zeit – diejenigen, welche die Masse bilden – zu einem ungeheuren, wenn auch sonderbar zugerichteten geistigen Erbe in ein ganz unmittelbares, ganz hemmungsloses Verhältnis treten, Leben zu Leben, und der vollgepfropfte halbdunkle Raum mit den vorbeiflirrenden Bildern ist mir, ich kann es nicht anders sagen, beinahe ehrwürdig, als die Stätte, wo die Seelen in einem dunklen Selbsterhaltungsdrange hinflüchten, von der Ziffer zur Vision *.«

8

Der Exkurs durch Möglichkeiten einer Teilhabe der Literatur am Film soll nur auf schon vorhandene Perspektiven hinweisen, nicht aber davon ablenken, daß die junge französische Schule, mehr ahnend als bewußt, an einem Scheideweg steht, an dem die Wahl über ein gänzlich neues Ziel der Filmästhetik entscheidet. Der eine Weg führt, die Denkansätze von Bazin verleugnend, in eine Restitution des Films als ›siebenter Kunst‹, in ein endgültiges filmisches l'art pour l'art. Richard Roud hält in seinem Aufsatz *The french line (Sight and Sound,*

* Hugo von Hofmannsthal, *Der Ersatz für die Träume*, enthalten in *Prosa* IV, Frankfurt/M. 1955.

Herbst 1960) die Entscheidung für diesen Weg bereits als gefallen. »Das verbindende Glied zwischen allen Schulen der französischen Filmkritik«, so meint er, »ist die Behauptung von der Überlegenheit der Form über den Inhalt.« Er leitet diese Wahl aus der französischen Kulturtradition ab, die Racine über Shakespeare stelle und in der die Entwicklung zur Abstraktion in der bildenden Kunst das letzte, alles beherrschende und gerade auch die fotografische Optik beeinflussende Ereignis sei. Zwar konzediert er, daß der Surrealismus, daß Jarry und Lautréamont eine heftige Reaktion gegen die cartesianische Kultur der Zurückhaltung, der Vernunft und des Maßes darstellen, aber er zeigt auch, wie die jungen Filmschöpfer, die sich noch als dem anticartesianischen Aufstand zugehörig fühlen, die Revolution nur als eine Revolution der Formen sehen. Das Ziel des Umsturzes ist für sie die Emanzipation der mise-en-scène. Das kann zu der optischen Täuschung führen, als mündeten sie, in einer paradoxen Ellipse, wieder in die französische Formtradition ein. Aber eben nur in die Kultur der Form; Descartes selbst, dessen Name ja nicht eine Formel für Form ist, sondern Chiffre geistiger Entscheidung, wird in dieser Entwicklung verleugnet. Die Faszination vom Kubismus hat das Kameraauge getrübt; was dort ein geistiger Prozeß war, ist hier die Nachahmung eines Mediums, mit dem der Film nichts zu tun hat. Nur Gedankenlosigkeit kann das Kameraauge mit dem Auge des Malers verwechseln; das auf ein gnadenloses und ergreifendes Gerinnen von Form gerichtete Auge, das Auge, das nichts als das Bild sieht, ist ein anderes als jenes, das, indem es den Wechsel von Bildern betrachtet, der Optik des menschlichen Blickes folgt.

So wäre also der andere Weg einzuschlagen, der, den Bazin als den ›unreinen‹ bezeichnet hat? Aber muß die Theorie wirklich so ›impur‹ bleiben wie bei Bazin, wenn er, etwa anläßlich von Fellinis *La strada*, bemerkt: »Das Filmische an *La strada* ist akzidentell; obwohl dieser Film nur auf der Leinwand zu verwirklichen war, obwohl er in keinem anderen Medium denkbar gewesen wäre, überstieg sein Gehalt die spezifischen Techniken des Films. In diesem Punkt bestätigt *La strada* eine These, die mir immer wahrscheinlicher wird, auf seine Weise: daß nämlich der Film ein Entwicklungsstadium erreicht hat, in dem seine formalen Gesetze aufhören, für das Resultat ausschlaggebend zu sein, und in dem seine Sprache dem Künstler keinen Widerstand mehr leistet, ihm somit umgekehrt von sich aus keine stilistischen Wirkungsmöglichkeiten mehr bieten kann. Zweifellos wird man mir entgegenhalten, daß nur der Film und kein anderes Medium etwa der sonderbaren Kreuzung von Motorrad und Wohnwagen, mit der Zampanó herumfährt, die Überzeugungskraft des Mythischen verleihen kann, die dieser ebenso unerhörte wie banale Gegenstand in diesem Streifen erreicht. Aber es ist leicht einzusehen, daß gerade hier der Film Wirklichkeit weder transponiert noch deutet. Keinerlei Lyrismus des Bildes oder der Montage wird aufgeboten, um unsere Wahrnehmung zu beeinflussen, ja ich möchte sagen, nicht einmal die Künste der Regie, jedenfalls keiner Regie, die dem Film eigentümlich wäre. Die Leinwand beschränkt sich darauf, uns diesen Karren zu zeigen, ihn besser, genauer, objektiver zu zeigen, als es der Maler oder der Romancier vermöchte. Ich sage nicht einmal: die Kamera hat ihn einfach abfotografiert. Schon das Wort ›fotografieren‹ wäre übertrieben. Sie hat ihn uns ganz einfach gezeigt, oder vielmehr: sie hat uns erlaubt, ihn zu sehen. Nun hieße es das Kind mit dem Bade ausschütten, wollte man behaupten, aus der Sprache des Films selbst, aus seiner wirklichkeitsnahen Optik, könnten keine künstlerischen Wirkungen mehr resultieren. Das Kräfteverhältnis zwischen Technik und Stoff des Films hängt teilweise wenigstens von der Persönlichkeit des Regisseurs ab. Was sich aber heute mit Sicherheit ausmachen läßt, ist dies: der Fortschritt des Films hängt nicht mehr von der Originalität der Bildfläche oder der Bildfolge ab*.«

9

Hier ist also eine autonome Filmästhetik, eine Ästhetik, die nichts als den Film sehen möchte, an ihrem Ende angelangt. Man spürt, wie die Analyse auch sprachlich eine Wand abtastet,

* Zitiert nach *Texte und Zeichen*, 9/1956.

aber die Türe ins Freie nicht finden kann. Sie würde sich öffnen, wenn der Film den Mut aufbrächte, sich als Literatur zu definieren. Statt dessen gerät er kurz vor dem Ziel in immer neue Sackgassen: vom l'art pour l'art-Winkel des B-Films bis zum geschlossenen Forum eines ›Gesamtkunstwerk‹-Anspruchs, zum Versuch, das Erbe der Oper zu übernehmen. Am Schluß steht dann freilich die Elegie des ›cinéma impur‹, »daß nämlich der Film ein Entwicklungsstadium erreicht hat, in dem seine formalen Gesetze aufhören, für das Resultat ausschlaggebend zu sein«. Wenn das stimmt, dann muß es andere Gesetze geben, die über den Wert eines Films entscheiden. Wir wollen hier den ganz vorläufigen Versuch machen, eine systematische Andeutung der literarischen Gesetze zu geben, die eine spezielle Struktur des Films nicht aufheben, ihr aber zugrunde liegen.

1. Der Film ist eine Kunstform des zeitlichen Ablaufs, wie die Literatur und die Musik. Das Prinzip des zeitlichen Ablaufs in seiner Demonstration wie seiner Rezeption unterscheidet ihn prinzipiell von der bildenden Kunst, deren Ziel im Hervorbringen eines statischen und zeitlosen Gesamteindrucks, des autonomen gerahmten Bildes eben, besteht. Die Verwechslung der Bilder, die die fotografische Optik liefert, mit den *imagines* der bildenden Kunst ist die nächstliegende Selbsttäuschung des Films; in ihr wird die alles andere dominierende erzählerische Zeitstruktur der Bilderfolge außer acht gelassen. Das Bild spielt im Film nicht die Rolle der Imago in der Malerei, sondern ist mit der Funktion der Metapher in der Dichtung identisch. – Es sei hier nur angemerkt, daß die Literatur dort, wo sie sich am stärksten der bildenden Kunst nähert, nämlich in den Texten von Gertrude Stein und den Romanen von Alain Robbe-Grillet, bis zu einem gewissen Grad auch im Werk von Proust, den Versuch machen muß, dem Zeitgesetz zu entrinnen.

2. Die Urzelle eines Films ist immer ein Text, mag es sich dabei um einen in zehn Zeilen konzipierten Einfall eines Regisseurs oder um einen Roman von Tolstoj handeln. Kein ein-

ziger dieser Texte ist nicht erzählerischer Natur, so wie die gesamte Literatur, vom epischen Wälzer bis zum dreizeiligen japanischen Haiku, erzählt. Das Wesen eines erzählerischen Textes bildet ein Vorgang subjektiver Kommunikation oder kommunizierender Subjektivität. Dieser Vorgang wiederum gehorcht dem Gesetz der Logik, natürlich keiner einfachen mechanischen Logik des Handlungsablaufs, sondern einer Logik, die sich auf die gesamte gesellschaftliche und metaphysische Umgebung bezieht, in der sie sich ereignet (womit sich erklärt, daß die Logik = Wahrheit vieler literarischer Kunstwerke oft erst sehr spät einleuchtet). Dementsprechend kann gesagt werden, daß der Wert eines Films zunächst abhängt von der inneren Logik des Textes, der ihm zugrunde liegt. Seine spezielle, i. e. optische Struktur ist eine Funktion dieser Logik. Ein Film ist also, wie ein Roman, ein Drama oder ein Gedicht, genau so ›gut‹, d. h. glaubhaft, wie die literarische Idee, die seinen Ursprung bildet.

Man kann diese These an jedem Film nachweisen, wir wollen dafür aber ein Kunstwerk heranziehen. Im Mittelpunkt von Robert Bressons Film, *Pickpocket*, steht die fesselnde Studie eines jugendlichen Taschendiebs, mit allen Mitteln optischer Kunst zu einem unvergeßlichen visuellen Eindruck verdichtet. Bresson, der mit Antonioni, Visconti und Bergman an der Spitze der europäischen Regiekunst steht, hat den Film aber verdorben, indem er ihm eine Liebeshandlung applizierte, die unglaubhaft wirkt. Hier könnte man einwenden: also soll der Film sich eben doch auf das optische Dokument konzentrieren, auf die Imago eines Balletts der Hände, wie es Bresson in den besten Sequenzen seines Werks bietet. Aber das hieße, die Intentionen der Literatur verkennen. Es wäre die Literatur gewesen, die Bresson geraten hätte, sich entweder auf den Essay zu beschränken oder anstatt einer banalen Handlung eine logische zu ersinnen. Und es war der Film mit seinem Glauben, er habe letzten Endes nichts mit der Literatur zu tun, der Bresson eine unmögliche Handlung als möglich erscheinen ließ und damit sein Werk verdarb.

3. Nimmt man diese beiden Prämissen an, so ist eigentlich nicht einzusehen, warum der Film sich nicht als visuelle Form

der Literatur definieren könnte, wie das Theater eine visuelle Form der Literatur ist. Selbstverständlich wäre er dann immer noch in einem genügenden Maße *nicht* Literatur, wie das Theater in einem bestimmten Sinne *nicht* Literatur ist, sondern eben Theater, mise-en-scène. Vom Theater würde ihn unterscheiden, daß er noch weniger als dieses im mechanischen Sinne an den Text gebunden wäre, von der Verschiedenheit des Prozesses der sichtbaren Vorgänge ganz abgesehen. Auch seine Dramaturgie wäre eine andere als die des Theaters oder der geschriebenen Literatur. Ihn von letzterer abhängig zu machen, ist nicht die Absicht dieses sehr fragmentarischen Thesen-Entwurfs; der Film soll nicht zur Verfilmung von Literatur entwürdigt werden. Vielleicht entstehen die besten Filme aus ungeschriebener oder kaum schriftlich fixierter Literatur; erforderlich ist nur, daß sie jenem Gesetz der inneren Logik gehorchen, ohne die Literatur nicht zustande kommt.

Der Regisseur würde bei einer Neudefinition des Films als Literatur nicht an Bedeutung verlieren. Ein Film wäre – das liegt in seiner Natur wie in seiner Technik – noch immer mehr das persönliche Werk eines Regisseurs als selbst die bedeutendste Theaterinszenierung. Das Kino der Autoren meint nicht ein Kino, das von den Autoren übernommen wird, und nicht einmal Truffauts leichtfertiger Ausspruch »Jeder beliebige kann Regisseur sein – nur gerade die Funktion des Kameramannes verlangt einige technische Kenntnisse« sollte die Autoren dazu verleiten, in der Arbeit des Regisseurs weniger zu sehen als ein Wunder der Synthese aus persönlicher Vision, pädagogischem Eros in der Schauspielerführung und kompliziertestem Handwerk. Allerdings sollte es zu einer Zusammenarbeit neuer Art zwischen Autor und Regisseur kommen; der Regisseur, der alles allein macht, auch das Sujet, die Handlung, das Thema und die Texte, ist eine Figur so fatal wie der Opernkomponist, der sich seine Libretti selber bastelt. Man muß gestehen, daß die letzten Möglichkeiten einer Synthese von Regie und Autorschaft noch im Dunkel liegen; vielleicht wird es Alain Resnais sein, der dafür die strengsten und reinsten Lösungen herausbilden wird. Einstweilen müssen wir uns mit dem italienischen Modell begnügen.

4. Daß man nicht, wie Hoveyda meint, die Spalten der *Cahiers du Cinéma* verlassen muß, wenn man den Film nach literarischen Kategorien beurteilt, wird von einem Teil der Filmkritik bereits begriffen. »Wenn der Film die Kunst ist, als die wir ihn uns vorstellen«, schreibt Penelope Houston, »dann hat er das Recht auf kritische Analysen, wie sie bisher dem Theater oder dem Roman vorbehalten waren.« Klarer kann die Rangerhöhung des als Literatur begriffenen Films nicht ausgesprochen werden. Am Rande sei vermerkt, daß damit auch das Problem der Beurteilung des kommerziellen Unterhaltungsfilms ohne künstlerische Absichten, an dem man die Filmkritik so oft hoffnungslos operieren sieht, gelöst wäre. Die Filmkritiker können ihn aus ihren Erwägungen gänzlich ausscheiden, so wie die Literaturkritik den ganzen Sektor der Konsumliteratur einfach ausklammert. (In mancher Hinsicht zu ihrem Nachteil: mindestens in der Literatursoziologie sollte sie ihn im Auge behalten und die Vorgänge in den Randzonen zwischen Kunst und Konsum genau beobachten.)

10

Hier kann nur kurz darauf hingewiesen werden, daß Edgar Morin in *Le cinéma ou l'homme imaginaire* *, einer der tiefgründigsten Studien, die über den Film geschrieben worden sind, aus einer Analyse der Semantik des Films heraus zu den Schlüssen kommt, die wir gezogen haben. Niemand hat eindrucksvoller als Morin darauf hingewiesen, daß eine Sprache, die als Erzähltechnik ein Trommelfeuer von 24 Bildern in der Sekunde auf die Netzhaut verwendet, ihre eigenen Gesetze hat. Dennoch kommt er zu dem Schluß: »Weil jede filmische Einstellung einen Abstraktionskeim enthält, kann die Kamera, die sich von einer zur anderen bewegt, nach dem Ausdruck von Astruc Schreibfeder genannt werden. Der Kinematograph war ein Schauspiel, wie das Theater. Das Kino hat ihm einen Erzählstil aufgepfropft, der dem des Romans ähnelt. Es hat gewissermaßen die Strukturen des Theaters und des Romans zu einer Synthese zusammengefaßt. Das Kino löst sich also vom

* Deutsche Ausgabe: Edgar Morin, *Der Mensch und das Kino*, 1958.

Kinematographen, um sich als intelligibles System zu konstituieren. Alle seine Techniken erheben sich von den dunklen Wurzeln der Magie bis an die Oberfläche des diskursiven Denkens.« Morin vertieft das Thema allerdings, indem er die anthropologische Perspektive des Films zieht; die Formanalyse dient ihm nur dazu, den Film als Partizipationsvorgang im Sinne der allgemeinen Anthropologie zu deuten. (Morins ›imaginärer Mensch‹ ruft uns übrigens Chaplin ins Gedächtnis, der im Zusammenhang unserer Untersuchung als ungelöster Rest erscheinen muß. Auf den ersten Blick jedenfalls scheint das Phänomen Chaplin uns zu widerlegen, denn in ihm geht eine mythische Figur, die den höchsten Dichtungsfiguren entspricht, aus einer reinen Bildvision ohne alle literarischen Bezüge hervor. Immerhin könnte eine Spezialuntersuchung ergeben, daß auch diese Gestalt nicht denkbar ist ohne die bewußte oder unbewußte Nutzung von ›topoi‹ der Weltkomödie.) An vielen Stellen liest sich Morins Buch wie ein Exkurs über die genial keimhafte Bemerkung Hofmannsthals, die wir erwähnt haben. Immerhin kristallisieren sich bei dem Vorgang, aus dem Film das allgemeine Substrat der Künste zu fällen, genügend Substanzen für die speziellere Definition des Films als Literatur aus, so wenn Morin schreibt: »Der Film ist ebensowohl Kinästhesie, rohe Aufpeitschung gefühlsmäßiger Partizipationen, wie eine Entwicklung des Logos. Bewegung wird Rhythmus, und Rhythmus wird Sprache. Von der Bewegung zur Kinästhesie und zum Diskurs. Vom Bild zum Gefühl und zur Idee!« Selbst wenn wir Morins Behauptung einer Antithese von Seele und Idee nicht zustimmen können – als Anthropologe postuliert er eine ›Entwicklung‹ des Films von der Magie der Bilder, die zur Fetischbildung verwendet wird und ›in die Gefälligkeiten der Seele‹ absinkt, zur Partizipation, die ›eine Idee zur Blüte bringt‹ –, selbst dann gibt uns sein Insistieren auf dem Logos als Kern der Sprache wichtige Anhaltspunkte für die dem Film immanente literarische Verfassung, so wenn er an Eisenstein erinnert: »Eisenstein definiert den Film als die einzige konkrete und dynamische Kunst, die es ermöglicht, die Vollzüge des Denkens auszulösen, die einzige, die fähig ist, die Intelligenz zu ihren konkreten und emotionalen Lebensquellen zurückzuführen, und er beweist experimentell, daß das Gefühl nicht irrationale Willkür, sondern ein Moment der Erkenntnis ist. Die größte Idee der Welt – der Fortschritt – gewinnt ihre Form gleichzeitig mit einem Milchtropfen auf einer Zentrifuge (in *Die Generallinie*). In einem Stück verfaulten Fleisches gärt die revolutionäre Idee (*Panzerkreuzer Potemkin*). *Die Generallinie*, der *Panzerkreuzer Potemkin* und *Die Erde* von Dowjenko sind in Diskursform aufgebaut, und doch wird nicht gesprochen. Das emotionale System sekretiert einen Logos.«

11

Eisenstein selbst hat unser Problem auf wunderbare Weise beantwortet, indem er die Reinheit der Filmform, die er verteidigt, mit ihrer Analogie zur Literatur begründet. So bemerkt er, nachdem er eine Sequenz aus *Panzerkreuzer Potemkin* dargelegt hat: »Eine Analyse der verschiedenen Objektive, die zum Filmen dieser Aufnahmen verwendet worden sind, und ihre Anwendung zusammen mit den Kameraeinstellungen und der Beleuchtung, die alle von den Forderungen des Stils und vom Charakter des Filminhalts bestimmt werden, würde eine genaue Analogie zu einer Analyse des Ausdrucks der Sätze und Worte und ihrer phonetischen Werte in einem literarischen Werk ergeben *.« Wir können hier keine Beschreibung des Montagesystems geben, mit dessen Hilfe Eisenstein solche Analogien erzielt. Aber er meint sie ganz wörtlich und auf das Detail des filmischen Kunstwerks bezogen, wenn er ein Beispiel wie dieses gibt: »Übrigens ist Gogol auch im Film gebracht worden. Bisher noch mit formlosen Filmverfahren belastet, ist er schließlich mit der ganzen Reinheit der Montageform in den Tonfilm eingedrungen, beinahe als ob ein Gogolscher Text direkt in visuelles Material umgewandelt worden wäre. Unter dem großartigen visuellen Gedicht des Dnjepr im ersten Teil von *Iwan* konnte Dowjenko, erfolgreich, glaube ich, Gogols Beschreibung des ›wunderbaren Dnjepr‹ aus seiner

* *Filmsprache*, 1934, enthalten in: Serge Eisenstein, *Vom Theater zum Film*. Zürich 1960.

Schrecklichen Rache vortragen. Der Rhythmus der beweglichen Kamera, die dicht am Ufer entlangfährt. Das Einblenden von unbeweglichen Wasserflächen. Im Wechsel und in der Ablösung dieser beiden liegt die Taschenspielerkunst und Zauberei von Gogols Bildersprache und Redewendungen. Weder ›rührt sich, noch donnert‹ das alles. All das ›siehst du und weißt nicht, ob sein riesiger Atem sich bewegt oder nicht... und es ist verzaubert, als ob es gegossenes Glas gewesen wäre‹, und so weiter. Hier liefern Literatur und Filmkunst ein Muster reinster Verschmelzung*.«

12

Wir sind uns bewußt, welche Gefahr für die traditionellen Formen der Literatur wir heraufbeschwören, indem wir versuchen, den Film zur Literatur zu erklären. Leicht könnte es geschehen, daß die Literatur sich in ihrem neuen Annex wohler fühlt als in den Bauten, die seit Jahrhunderten stehen. Aber dem ›reinen‹ Text wird immer so viel faszinierende Macht anhaften wie dem ›reinen‹ Film. Daß das Kameraauge erst wahrhaft sehend würde, wenn es von einem literarischen Bewußtsein sich leiten ließe, möchten wir angedeutet haben. Doch wird damit nur auf ein Prinzip der Kunst überhaupt hingewiesen, die dort am größten ist, wo sie der angeborenen Blindheit des Kunstwerks den Star sticht, wo sie die Form nicht aufgibt, aber sie durchlässig macht für Erkenntnis. Auch wenn wir uns über den Sinn unserer Erkenntnisse täuschen mögen, so können wir doch nicht darauf verzichten, das Bewußtsein am Sein zu versuchen. Die Kunst hat Augen. Sie braucht sie nur zu öffnen.

* ebenda

Anamnese, déjà-vu, Erinnerung

Erinnern. Sich-erinnern. Erinnerung. Ich meine nicht das Gedächtnis. Nicht, was man im Gedächtnis aufbewahrt: die Geschichte. Nichts von dem, wofür man den Knoten ins Taschentuch schlingt.

Erinnern bedingt Vergessen.

Gedächtnis entsteht aus dem Partizip einer Aktion: denken. Erinnerung ist die Substanz einer alten Person, die einmal hieß: *innaro* – der Innere. Ihn, jenen Inneren, der im Erinnern des Vergessenen inne wird, scheint es lange gegeben zu haben. Erst in der Luther-Bibel wird erinnern im Sinn des lateinischen *monere* gebraucht. 2. Makkabäer 15,9: »Er flößte ihnen Mut ein aus Gesetz und Propheten, erinnerte sie an die Kämpfe, die sie schon bestanden hatten, und steigerte so ihre Tapferkeit.«

Erinnern, sich-erinnern, Erinnerung heißt aber nicht, an etwas mahnen, das dem geschichtlichen Gedächtnis entfallen ist. Es heißt nicht: ein besseres Gedächtnis haben.

Von denen, die denken, haben nur wenige über das Erinnern nachgedacht. Es ist, als fühle sich das Denken, diese Aktion des Bewußtseins, vom unaufhaltsamen Aufsteigen der Erinnerung aus dem Sein gestört. Die Erinnerung braucht das Bewußtsein nicht. Aus dem Bewußtsein gelangt sie unmittelbar in eine Schicht, die sie nicht in Gedanken, sondern in Bilder verwandelt.

Daher, so scheint es, leben die Philosophen vom Gedächtnis, die Künstler von der Erinnerung.

Im *Menon* hat Plato versucht, die Erinnerung unter einem einzigen großen Gedanken zu fassen. Erkenntnis, so sagte er, ist Wieder-Erinnerung aus Wanderungen der Seele. »Da nun die Seele unsterblich und öfters geboren worden ist und die Dinge hienieden und im Hades und überhaupt alle geschaut hat, so gibt es auch nichts, wovon sie nicht eine Kenntnis erlangt hätte, so daß es gar kein Wunder ist, wenn sie auch hinsichtlich der Tugend und anderer Gegenstände an das sich zu erinnern imstande ist, was sie früher davon gewußt hat. Denn da die ganze Natur in verwandtschaftlichem Zusammenhang steht und die Seele von allem Kenntnis bekommen hat, so steht nichts im Wege, daß einer, der sich nur erst an *eines* erinnert hat, was die Leute dann *Lernen* heißen, alles übrige selbst auffinde, wenn er sich dabei nur mannhaft hält und des Untersuchens nicht müde wird; denn das Untersuchen und Lernen ist durchaus nichts als Wieder-Erinnerung.« Dem folgt der Beweis: ein Sklave zieht alle Schlüsse aus dem Zusammenhang von Viereck und Diagonale. »Und dieses Wieder-Gewinnen einer Erkenntnis in sich selbst, ist das nicht ein Sich-wiedererinnern?« läßt Plato den Sokrates ausrufen.

Die Tugend und die Geometrie als Errungenschaften von Anamnese. Aber die Erinnerung hat nichts mit der Tugend zu tun, und nur selten tritt sie in geometrischen Formen auf.

Die Erinnerung ist die Erinnerung ist die Erinnerung.

Der heilige Augustinus ist in den denkwürdigen Kapiteln des zehnten Buches der *Bekenntnisse* der Sache so nahe wie möglich gekommen. Nicht nur unterscheidet er Gedächtnis und Erinnerung, spricht ganz selbstverständlich davon, daß die Dinge in die »geheimen, unergründlich tiefen Winkel« eintreten, »doch nicht die Dinge selber treten ein, nur der erkannten Dinge Bilder«, sondern er setzt auch die Einheit von Erinnern und Vergessen als selbständigen Akt. »Wenn das Vergessen also nur im Bild und nicht in Wirklichkeit in der Erinnerung gehalten wird, so muß es doch zuvor gewesen sein, daß die Erinnerung sein Bild gewinnen konnte. Und wenn es nun zugegen war, wie konnt es dann sein Bild in mein Gedächtnis drücken, da alles doch durch seine Gegenwart getilgt wird, selbst das, was längst bekannt und festgehalten war? Und doch bin ich gewiß, daß ich, so unbegreiflich und so unerklärlich es auch sein mag, mich des Vergessens selbst erinnere, durch das doch alles andere, dessen ich mich je erinnerte, aus der Erinnerung gestoßen wird.«

Und dann schreibt er: »Ich sah schon Linien von Künstlerhand, die feiner waren als ein Spinngewebe; doch sie sind nicht die Linien des rechnerischen Denkens, und die wieder sind auch nicht die Bilder solcher Linien, die mir das Auge meines Fleischs gemeldet hat. Der nur kennt sie, der sie, ohne auch an Körperliches nur zu denken, drin in der Seele denkend sieht. Mit allen Sinnen meines Leibes hab ich schon Zahlen kennengelernt an Dingen, die sich zählen lassen; die Zahlen aber, mit denen wir zu zählen wissen, sind ganz andrer Art und sind auch nicht die Bilder der gezählten Dinge; und so haben sie erst recht ihr ganzes Sein.«

Das Souvenir als Spuk. Immer scheinen die Szenerien des déjà-vu auf das Erscheinen eines Gespenstes zu warten. Von dieser Straße, die wir noch nie erblickt, doch schon einmal betreten haben, gehen bange Ahnungen aus. Ausgebleichte Farben, Staub und Entsetzen. Zwielicht.

Die Psychologie spricht von Pseudo-Erinnerungen, von *fausse reconnaissance*, verursacht durch Störungen in der bioelektrischen Aktivität der Gehirnzellen. Ernst Bloch hält das déjà-vu für die Fortsetzung eines in der Kindheit oder aus Ermüdung abgebrochenen Willensaktes, für intentionales Erleben.

Wie aber, wenn es eine Erinnerung *an sich* gäbe? Wenn ich an einem Ort, den ich niemals gesehen habe, in einem Erlebnis, das mir niemals widerfahren ist, das *schon-gesehen*, *schon-erlebt* erfahre, so beginne ich zu vermuten, es könne ein von den Gegenständen der Erinnerung unabhängiges Erinnerungsvermögen existieren. Eines, das imstande ist, uns Dinge zu zeigen, als wären sie erinnerte, obwohl sie es nicht sind.

Zum Beispiel zu unserem Schutz. Das déjà-vu-Erlebnis ist immer der Eintritt in das Schattenreich, ein Todesbild, und es mag sein, daß wir die Furcht, die es uns einflößt, nur ertragen, weil Erinnerung uns im gleichen Augenblick zwingt, über einem Rätsel brüten zu müssen, das wir nicht lösen können.

Aus der Beklemmung in die Laboratorien. Die heutige Psychologie will eine exakte Wissenschaft sein, weshalb sie an ihren Anfang des Aristoteles Schrift *Gedächtnis und Erinnerung* gesetzt hat. In ihr wird zum erstenmal zwischen unwillkürlicher Erinnerung und absichtlichem Erinnern unterschieden. Da die Psychologie exakt ist, kann sie das Phänomen des Gedächtnisses aufklären; die Lokalisationsforschung glaubt sogar zu wissen, wo es sitzt: im Feld Nr. 19 der Kleistschen Gehirntafel. Hinsichtlich der Erinnerung sind die Psychologen vorsichtiger, bescheiden sie sich mit experimentellen und statistischen Untersuchungen von Assoziationen, die sie natürlich vom Begriff der Erinnerung wegführen zu Theorien über Lernprozesse, zum Gedächtnis also. Immerhin gelangen einige von ihnen am Ende wieder zum Engramm, dem ›Eingeschriebenen‹ auf einer leeren Wachstafel, mit welchem Aristoteles die Erinnerung verglich. Für das Engramm, die langfristige Gedächtnisspur, gibt es keine Erklärung. Man vermutet, es handle sich dabei gar nicht um einen Zustand der Materie, sondern um einen Prozeß des fortgesetzten Verlustes und der Neubildung kurzfristig bestehender molekularer Gedächtnisträger. Auf diese Weise, so nehmen einige Forscher an, haben die Vögel das Singen.

In der *Traumdeutung* erreicht Freud die Schicht des Vergessenen. Er spricht von der »sonderbaren Vorliebe des Traumgedächtnisses für das Gleichgültige«.

Wir nähern uns dem Augenblick Proust.

Gedächtnis erinnert Zeit, Erinnerung vernichtet sie.

»Gedächtnis und Gewohnheit sind die Attribute des Krebses Zeit. – Ein Mensch mit einem guten Gedächtnis erinnert sich an nichts, weil er nicht vergißt.« Beckett anläßlich Prousts. »Genau gesagt«, so fährt er fort, »können wir uns nur an das erinnern, was durch unsere äußerste Unaufmerksamkeit registriert und in jenem letzten und unerreichbaren Verlies unseres Seins aufgestapelt wurde, zu dem die Gewohnheit keinen Schlüssel besitzt.«

Prousts *mémoire involontaire* negiert, so meint er, den Tod, indem es die Zeit negiert. Er kritisiert den Titel des Werks. Die Zeit sei darin nicht wiedergefunden, sondern ausgelöscht.

Aber was ist die unfreiwillige Erinnerung? Ist sie der Widerschein von Augustins göttlichem Über-Ich, des Aristoteles Engramm, Freuds Traumverdichtung?

Wir wissen es nicht. Was wir wissen, ist, daß sie existiert. Erinnerungen, meistens gleichgültige, bilden unbekannte Strukturen des Ich, werden vergessen, kommen zurück, verschwinden wieder.

In einer einzigen Weise gewinnen sie Dauer: im Kunstwerk.

Im Kunstwerk werden unwillkürliche Erinnerungen zu Formen.

Ich spreche nicht von einer vagen Idee, sondern von einem konkreten Vorgang. Der Wille tritt bei der Herstellung von Kunst erst auf, nachdem das Unwillkürliche erschienen ist. Begabung und Kunstverstand dienen nur dem, was darauf gewartet hat, die Zeit auszulöschen, auch wenn es ihren Stil hat.

Manche Linien auf einem Blatt sind aller Willkür entzogen.

Auf den Spuren der Finzi-Contini

Jeder italienische Schriftsteller besitzt, um was ihn die meisten seiner Kollegen in den westlichen Ländern beneiden: eine Heimat. Bei keinem von ihnen findet man, wenn man von dem Stolz auf die italienische Sprache absieht, nationalistische Gedanken oder Gefühle, doch immer eine selbstverständliche Liebe zu der Landschaft seiner Kindheit und zu den Menschen, unter denen er aufgewachsen ist. Man braucht das Wort Psychoanalyse nie gehört zu haben, um zu wissen, daß wir unser ganzes Leben in der Gewalt jener Erlebnisse verbringen, die uns in der Jugend ergriffen haben, und daß wir kein Milieu jemals besser kennenlernen werden als die Welt der Eltern, den Kreis der Familie, das Labyrinth der Schulwege und die Alchimie der frühen Liebe. In ihnen ist alles angelegt, was uns später betreffen wird. Wenn man die italienischen Schriftsteller liest, staunt man, mit welcher Sicherheit, mit welcher uralten Klugheit sie nach den Mythen der Jugend greifen; es ist, als kämen sie gar nicht auf die Idee, sie könnten etwas schildern, das sie nicht so genau kennen wie den Bezirk ihrer ersten Schritte, den Raum, in dem sich ihr Bewußtsein entwickelte. Das ist der Grund, warum wir uns mit Italo Svevo immer in Triest befinden, mit Moravia in Rom, mit Pavese in Turin und dem Piemont, mit Vittorini, Brancati und Lampedusa in Sizilien, mit Pratolini in Florenz. Das Wort Regionalismus besagt da wenig, führt eher in Abwege. Diese Literatur ist nicht provinziell. Der in sie eingesenkte Humanismus verhütet alles Enge, Trübe, Gerinnende. Zwar fließt Paveses Sangone im Piemont und nirgendwo anders, aber die eigentümliche Struktur von Paveses Sprache und die Humanität dieses Dichters bewirken, daß der Sangone auf einmal auch in uns zu murmeln beginnt; zwischen einem uns bis dahin unbekannten kleinen Fluß in einer so gut wie kaum besuchten Landschaft am Oberlauf des Po und uns ist die gleiche Beziehung hergestellt, die uns bereits mit Faulkners Mississippi oder Jean Gionos Durance verbindet. Stromsysteme dieser Art bewässern Gegenden, die auf keiner Landkarte eingetragen sind.

Vor ein paar Jahren hat Giorgio Bassani begonnen, die Geschichten, die er uns von seiner Heimat, der Stadt Ferrara, erzählt, zu einem Teil unserer eigenen Geschichte zu machen. Seine *Storie ferraresi* sind 1960, sein Roman *Il Giardino dei Finzi-Contini*, der gleichfalls in Ferrara spielt, ist 1962 erschienen*. Bassani ist 1916 geboren – er hat sich also mehr als vierzig Jahre Zeit gelassen, ehe er daran ging, Ferrara für uns zu entwerfen. Ein Beispiel solcher Geduld gibt denen recht, die der Ansicht sind, tragfähige erzählende Prosa zu schreiben setze neben Begabung noch einen Zustand voraus, in dem der Autor Lebenserfahrung, Interesse an Beziehungen zwischen Menschen und die Fähigkeit zu objektiver Beobachtung gewonnen hat.

Der ausländische Besucher Italiens durchquert Ferrara – meistens eilig – auf seinem Weg von Venedig nach Florenz. Die Straße führt ihn bis zur Achse der Stadt, dem riesigen und in seiner Synthese aus Tyrannenburg und Wasserschloß bezwingenden Kastell der Este, und zweifellos hält er dort einen Moment an, gebannt vom Anblick dieses schweren roten Banners, das die Renaissance-Herzöge auf die Stadt gesenkt haben. Wenn er den Stoff nicht beiseite schiebt, um zu prüfen, was sich dahinter befindet, wird ihm etwas Einzigartiges entgehen: eine ausgedehnte, weiträumige, jedoch von den Wällen und Mauern des 15. Jahrhunderts genau umgrenzte Stadt, die, ohne alle Musealität, den Geist der italienischen Aristokratie in der Zeit ihrer höchsten Blüte festhält. Die Eigenart Ferraras besteht – im Gegensatz etwa zu Florenz – darin, daß es die Kultur jener Feudalen nicht in feierlichen und autonomen Prunkstücken herzeigt, sondern beinahe diskret. Die Paläste Schifanoia, Romei oder Roverella stehen in Straßenzeilen,

* Deutsch: *Ferrareser Geschichten*, München 1964; *Die Gärten der Finzi-Contini*, München 1963 – beide in der vorzüglichen Übersetzung von Herbert Schlüter. Auch die 1964 erschienene und in diesem Herbst ebenfalls deutsch vorgelegte Erzählung *Dietro la porta (Hinter der Tür)* schildert ferraresische Jugenderlebnisse. Hingewiesen sei ferner auf die frühen Gedichte Bassanis *L'alba ai vetri*, Turin 1942–50 sowie auf die Essay-Sammlung *Le parole preparate*, Turin 1966.

halten offensichtlich Baulinien ein, unterscheiden sich von den sie umgebenden Bürgerhäusern oft nur unmerklich, durch eine gewisse Höhe, mit Hilfe eines in die Ziegelfront eingelassenen gelblichen Marmorportals oder durch eine vorsichtige Ornamentik aus Terrakotta-Bändern. Erst wenn man die hallenden Einfahrten durchschritten hat und in die Schwermut der leeren Kolonnaden-Höfe eingetreten ist, gewahrt man die Größe des umbauten Raums. Es scheint, als habe die Lethargie der absoluten Ebene, auf der Ferrara liegt, den Bauherren den Verzicht auf alle architektonischen Rodomontaden nahegelegt; man sucht diese stillen und edlen Häuser auf, indem man über weite Plätze und durch Straßen geht, die so breit und luftig sind, daß man die weißen Sommerwolken, die immer über ihnen stehen, gar nicht übersehen kann. Auch die Bilder, die man in den Sälen dieser Paläste findet, haben etwas Unpathetisches, Durchsichtiges, Lichtes; Francesco del Cossas *Salon der Monate* im Palazzo Schifanoia ist das Werk eines hellen, klar zeichnenden Koloristen; man könnte aus der Palette der ferraresischen Maler des 15. und 16. Jahrhunderts und aus der Art ihres Zeichnens die Chromatik der Filme des großen, auf seine Herkunft stolzen Ferraresen Michelangelo Antonioni ableiten, der mit diesen Bildern aufgewachsen ist. Ferrara hat überhaupt auf die Moderne spezifisch gewirkt: auf einem ihrer Grund-Bilder fallen die Schlagschatten von Schneiderpuppen, die mit Faltenwurf bedeckt sind und zu deren Füßen Würfel, Stäbe und Eier liegen, auf einen weithin dämmernden Platz, dessen Hintergrund von einer Fabrik und dem Este-Kastell gebildet wird. Giorgio de Chiricos Bild *Die unruhigen Musen*, das Hauptwerk seiner zweiten metaphysischen Periode, der ferraresischen nach der turiner, gibt die enigmatische Stimmung, das Gefühl sich in einem Rebus zu bewegen, das einen in dieser Stadt unweit der Mündung des Po befällt, vorzüglich wieder. Goethe fühlte sich hier unbehaglich. »Zum erstenmal überfällt mich eine Art von Unlust in dieser großen und schönen, flachgelegenen, entvölkerten Stadt«, schreibt er. »Dieselben Straßen belebte sonst ein glänzender Hof, hier wohnte Ariost unzufrieden, Tasso unglücklich, und wir glauben uns zu erbauen, wenn wir diese Stätte besuchen.« Ferrara hat ihn also fatal an seinen eigenen Zustand in Weimar erinnert; allerdings ist er niemals, wie Tasso, aus Zorn gegen die Aristokratie wahnsinnig geworden, sondern hat sich mit ihr arrangiert, wie Ariost, der sich am Rande des nobelsten Quartiers von Ferrara, der *Addizione Erculea*, das stilsicherste Modell eines bürgerlichen Künstlerhauses bauen und auf die Fassade schreiben konnte: »Parva sed apta mihi sed nulli obnoxia sed non sordida parta meo sed tamen aere domus.« Kann ein Schriftsteller in der Gesellschaft mehr erreichen, als hypothekenfrei in einem eigenen, nicht dürftigen Hause zu wohnen? Die anscheinend banalen, deutlich gegen die Paläste am Corso Ercole I auftrumpfenden Worte verraten viel von der verächtlichen Laune, die zu gewissen Zeiten am Frauenplan oder in dem Haus geherrscht haben mag, das in einer Straße steht, die heute Via Ariosto heißt.

Die Formensprache Ferraras, seine ästhetische Struktur, wie man heute sagen würde, ist, von Ariost bis Antonioni zugleich klassisch und rätselhaft, kritisch und metaphysisch, klar und raffiniert. Solche Gegensätze bewegen sich im Äther einer beinahe niederländischen Ebene, die, wie alle von Früchten überquellenden, mit Tieren bevölkerten, von wässerigem Licht erfüllten Niederungen ein erotisches Klima erzeugt. Ferrara habe den Ruf, die sinnlichste und freieste Stadt Italiens zu sein, berichtet Guido Piovene. Und wirklich entdeckt man im *Salone dei Mesi* unter der Bezeichnung *Mars und Venus* das Werk eines unbekannten Meisters, der den Liebesakt so hart wie verführerisch, so gotisch wie heidnisch, und jedenfalls so kühn darstellt, wie er in der nachantiken Kunst der weißen Rasse bis dahin und seither nicht dargestellt worden ist. Vor einem Bild wie diesem begreift man, daß Piovene zu dem Schluß kommt, Ferrara sei zugleich sublim und gierig.

Alle Spannungen zwischen den Elementen der künstlerischen Tradition Ferraras leben auch im Werk Giorgio Bassanis. Aber er hat das Bild seiner Heimat um einen Zug bereichert, den es vor ihm nicht enthielt. Obwohl Bassani einzig Geschichten aus der Geschichte Ferraras zwischen etwa 1935 und 1947 erzählt, liegt der historische Punkt, auf den sie sich insgeheim beziehen, im 15. Jahrhundert, in der Zeit, als das Haus Este die

Juden in die Stadt rief. Bassani stammt aus einer Familie des jüdischen Patriziats von Ferrara, aus einem gebildeten Stadtbürgertum, das sich nach beinahe sechs Jahrhunderten nur noch durch seine Religion von dem gebildeten italienischen Bürgertum unterschied. Es hatte sich ihm vollkommen assimiliert, es lebte nicht mit ihm zusammen, sondern war wirklich ein Teil von ihm geworden; die ökonomischen, wissenschaftlichen, künstlerischen Beiträge, die es der Gemeinschaft leistete, waren nicht Phänomene einer Sonderkultur, sondern integrale Bestandteile der italienischen Kultur. Bassanis ganzes Werk hat sich an dem unerhörten Faktum entzündet, daß dieses Modell einer Integration, einer langsam und organisch entstandenen Harmonie, in wenigen Jahren zerfiel, sich als unwirklich erwies, als eine Lüge. Was war denn eigentlich geschehen? Eben noch hatte der junge italienische Literaturstudent sich vorgestellt, ein Leben der Teilnahme führen zu können, der leichten und lyrischen Fahrten zu den Studien nach Bologna oder Venedig, der angenehmen Flirts auf dem Corso della Giovecca oder beim Tennisspiel im Club an der Palazzina di Marfisa – da wird er plötzlich in einen Außenseiter verwandelt, in den Angehörigen einer Minderheit, zuerst verleugnet, dann diffamiert, dann ausgestoßen, am Ende sind seine Mitbürger bereit, ihn der physischen Vernichtung auszuliefern. Der Student Bassani, den die Erinnerung des vierzigjährigen Schriftstellers evoziert, beugt sich verwundert über einen Heimatboden, den er für fest gehalten hatte und der auf einmal aus dünnem Glas besteht; darunter ein monströser Abgrund, der älter ist als Ferrara: darauf also ist die Stadt gebaut! Dem Menschen Bassani wird es irgendwie gelingen, sich von dieser trügerischen Fläche zurückzuziehen, ehe sie unter ihm einbricht, aber vierzig Jahre später geistert die Sprache des Dichters wieder darüber hin. Sie hat ihr Thema gefunden, und vielleicht hat sie auch so lange gebraucht, es zu ergreifen, weil es dieses Thema war: die Erzählung eines phantastischen Skandals. Wer spricht denn schon gern von der Schande seiner Heimat?

Die Größe Bassanis kann daran erkannt werden, daß der Leser seiner Bücher sich der Stadt Ferrara nicht mehr als Tourist nähern kann, weder als naiver noch als kennerischer. Ferrara wird ihn in erster Linie als Schauplatz der Erzählungen Bassanis interessieren. Wenn man einwendet, dies sei keine prinzipiell andere Weise der Annäherung, als wenn man die Reise unternimmt, weil man die Bauten von Biagio Rossetti oder die Bilder von Cosmè Tura sehen möchte, so übersieht man den Unterschied zwischen der räumlichen Ding-Welt der bildenden Kunst und der zeitlichen Geist-Welt der Literatur. Das berühmte Portal des Palazzo Prosperi oder Turas *Cattura di San Maurelio* sind zunächst einmal Dinge, feste Gegenstände, eine plastische Anordnung von Steinen, eine oktagonale Holztafel, die mit Farben bedeckt ist. Längst haben wir das historische Interesse, welche das 19. Jahrhundert noch an ihnen nahm, verloren; die Kunstwerke sind uns ästhetische Objekte, zeitlose Funde. Ein Buch ist in diesem Sinne kein Gegenstand. Schon seine Materialisation in vergänglichsten Stoffen, Papier und ins Graue gebrochener Druckfarbe, weist darauf hin, daß es nicht mehr ist als eine Erinnerungsstütze. Ein Buch geht aus der Erinnerung eines Schriftstellers hervor, spiegelt eine kollektive Erinnerung und mündet in die Erinnerung des einzelnen Lesers. Es ist die zarte und zögernde Inszenierung eines zeitlichen Prozesses. Der Geist der Dichtung kann nicht im Raum gefunden werden, sondern nur in der Zeit. Die literarische Avantgarde aller Zeiten hat sich, gereizt vom Anblick der Werke bildender Kunst, bemüht, den zeitlosen Text zu schaffen, der nichts weiter wäre als ein schöner Gegenstand, den Text mit der Semantik des Kiesels. Ein paar unvergeßliche Zeilen in großen Gedichten retten diese Bewegung der Sprache immer wieder vor dem vollständigen Scheitern. Man kann sie wirklich betrachten, wie man die silbergrauen Flußkiesel, mit denen die alten Straßen Ferraras gepflastert sind, betrachten kann, während man den Geist der Erzählung, der diese Straßen durchspielt, nicht betrachten kann. Kafkas Prag, Prousts Combray und Bassanis Ferrara können in der Wirklichkeit nie gefunden werden.

Dennoch eilt der Bassani-Leser natürlich sogleich in die Via Mazzini, um festzustellen, ob es die Synagoge noch gibt, die in dem Roman von den Finzi-Contini eine so große Rolle spielt.

Die Via Mazzini ist eine schmale, geschwungene, belebte Straße, die vom Domplatz abzweigt, es gibt da viele kleine Geschäfte, Bars, Menschen, und man hätte die Synagoge beinahe übersehen, so unauffällig steht sie in der Front der Häuser, ein altes dreistöckiges Haus, weiter nichts. Ob es darin noch immer die Dreiteilung des synagogalen Gottesdienstes gibt, wie zu der Zeit, die Bassani schildert: im ersten Stock die deutsche, im zweiten Stock die italienische, im dritten Stock die levantinische Synagoge? Und wird vielleicht auch noch die spanische Synagoge weitergeführt, die Ermanno Finzi-Contini wieder öffnen ließ, als der Faschismus seine ersten antisemitischen Dekrete erließ? Die Türe des Hauses steht halb offen, man blickt in einen steinernen Flur, aber man wagt nicht einzutreten. Liebe zur Literatur, das fühlt man, genügt hier nicht zur Legitimation. In der Mauer des Gebäudes ist eine Tafel eingelassen, auf der die Namen der Opfer verzeichnet sind. Man liest viermal den Namen Bassani: eines Giuseppe und einer Marcella Bassani, einer Rine Bassani Lamponti und, unter dem Namen eines Silvio Magrini, den einer Albertina Magrini Bassani. Ein Kenner deutet später an, hinter ihr verberge sich jene Micol Finzi-Contini, die den Ich-Erzähler des Romans in den Garten der *magna domus* entführt. War die lebendig-strahlende und später in Lethargie verfallende, zukunftslose Micol also gar keine Finzi-Contini-Tochter, sondern eine entfernte Verwandte Bassanis? Neben rein italienischen Namen, Borghi, Castelfranchi, Del Vecchio, Ottolenghi, Teglio, Zamorani, enthält die Tafel auch deutsche Judennamen, es gab in Ferrara eine Ester Farber Fink, eine Rosa Fink Birnbaum, eine Malvina Levi Gutmann, einen Giorgio und eine Wanda Rotstein. Welche Beziehungsfäden haben sich hier ineinandergewoben? Alle diese Leute sind in den Gaskammern von Mauthausen getötet worden. Den Namen Contini findet man übrigens auf der Tafel nicht. Man liest von einem Silvio Finzi und einer Giorgia Borghi Finzi, aber das Wort Contini taucht nicht auf. Mit der Szene der Anbringung dieser Tafel setzt Bassanis Geschichte von Geo Josz ein, des Juden, der seinen Namen auf ihr fand, nachdem er aus den Lagern zurückgekehrt war. (Die Tafel enthielt tatsächlich solche Fehler und mußte später erneuert werden.) Die Geschichte dieses Totgesagten, der den Riß noch einmal aufreißt, nachdem schon alles dabei ist, ihn zu übertünchen, ist gespenstischer als jede angelsächsische Gespenstergeschichte. Ein Geist geht um.

Viele Geister gehen um in den Straßen östlich und südlich des Doms, die schon lange kein Ghetto mehr bilden, aber in denen viele Juden doch wohnen blieben, aus Gewohnheit, aus alter Anhänglichkeit. Sogar die jüdischen Zuckerbäcker, deren Plätzchenformen de Chirico in seine Bilder aufnahm, findet man noch – oder wieder – in ihren Lädchen, die ihre Vorfahren an die Südseite des Doms geklebt haben. Die Via Gorgadello ist heute irgendeine italienische Altstadtstraße, doch für den Bassani-Leser wird sie immer die Straße sein, in der jener Dr. Athos Fadigati, Spezialarzt für Hals-, Nasen- und Ohrenleiden, seine Praxis hatte, der seine unglückliche Leidenschaft bis zum bittersten Ende durchlebte und weiter durchlebt, weil die Erzählung *Die Brille mit dem Goldrand* so schnell nicht verblassen wird. Aus dem scheinbar beiläufigen Hingestrichel von Zeitumständen und persönlichen Erinnerungen, aus einem stilistischen *understatement*, wie es in den manieristisch überladenen oder preziös kargen Schreibweisen unserer Jahre selten geworden ist, tritt die Gestalt des jüdischen Arztes und Homosexuellen mit zeichnerischer Genauigkeit als Sinnbild einer doppelten Verfolgung und damit der Minderheit schlechthin hervor. Zeichnerisch genau auch wird die Grimasse nachgezogen, die Ferrara hinter ihm schneidet, hinter ihm und Geo Josz und Clelia Trotti, der alten Sozialistin, deren Sich-Einschließen in ihre Wohnung von Bassani mit solcher Kunst geschildert wird, daß es den Leser, als wäre er Bruno Lattes, in die Via Fondo Banchetto treibt, um diese geheimnisvolle Zelle der Reinheit Ferraras noch einmal aufzufinden. Aber er verirrt sich in dem Gewirr der Gassen hinter der alten Universität, entdeckt das Haus nicht. Statt dessen landet er in dem großen melancholischen Palast des Ludovico il Moro, besichtigt die etruskischen Funde von Spina, die dunkelbraunen prähistorischen Boote, die über den Untiefen längst trockengelegter Wasserwildnisse schwammen, über den seichten Abgründen, auf denen Ferrara steht.

Am Abend verläßt er noch einmal sein Hotel, um herauszufinden, ob er wenigstens noch die Stimme des Apothekers Barilari hören wird. Diese Stimme hat Bassani genau situiert: sie dringt aus einem offenen Fenster im ersten Stock über der Apotheke, die sich neben dem Caffè della Borsa befindet, am Corso Roma, gegenüber dem Uhrenturm ›von fast dolomitischem Rot‹ des Kastells, und sie soll sowohl unter den Arkaden an den Tischen des genannten Kaffeehauses gehört werden wie auf dem Trottoir gegenüber, das sich an der Mauer entlang des Wassergrabens hinzieht, der das Kastell umgibt. Da Bassani, wenn er von dieser Stimme spricht, sich des Präsens bedient, und da seine Erzählung *In einer Nacht des Jahres 1943* in den fünfziger Jahren entstanden sein muß, hegt der Leser die Hoffnung, Pino Barilari sei, trotz seiner Rückenmarksschwindsucht, vielleicht noch am Leben, sitze immer noch in einem Sessel am Fenster, von wo aus er mit mokanten Zurufen die Passanten bedenkt, die nicht ahnen, welchen Boden sie betreten, wenn sie nicht unter den Arkaden bleiben, sondern den erwähnten Bürgersteig auf der anderen Seite benützen. Tatsächlich findet der Besucher an jener Stelle eine Apotheke mit einer Einrichtung aus dem frühen 19. Jahrhundert, deren Besitzer aber nicht Barilari heißt; auch sind die Fenster der Wohnung im 1. Stock streng geschlossen, und vor allem befindet sich neben der Apotheke, unter den Arkaden, kein Café. Der Reisende ist wirklich sehr enttäuscht, nicht wenigstens das Caffè della Borsa noch vorzufinden, und er beginnt, etwas von der Verhüllungstaktik Bassanis zu ahnen, wenn er die Erfahrung macht, daß von den Passanten, die er befragt, sich schließlich nur ein älterer Mann daran zu erinnern glaubt, daß es hier einmal ein Café gegeben haben müsse. Barilari ist also wohl gestorben – wenn es ihn je in der Weise gab, wie Bassani ihn geschildert hat –, und so wird es wahrscheinlich auch seine Frau, die schöne Anna Repetto nicht mehr geben, die den Halbgelähmten wie ein Kind pflegte und ihn dennoch betrog und die ihn schließlich verließ, weil er, um sich für ihren Betrug zu rächen, die Stadt Ferrara verriet.

Diese Erzählung ist eine Jahrhundert-Geschichte. Immer

wird der Gast, der nach Ferrara kommt, weil es für ihn die Stadt der Figuren Bassanis ist, ihren Schauplatz bei Nacht aufsuchen, um sich die Szene imaginieren zu können, in der Anna, die zu spät von einem Liebhaber nach Hause kommt, auf die Leichen der von den Faschisten ermordeten Geiseln, elf angesehener Bürger der Stadt, die auf dem Trottoir gegenüber dem Caffè della Borsa liegen, zutritt, ›wie unter einem Bann stehend‹, ehe sie sich an ihren Mann erinnert. »Jäh wandte sie sich um. Und da stand Pino, bewegungslos hinter den Fensterscheiben des Speisezimmers: ein kaum sichtbarer Schatten, der sie beobachtete.« Man muß sich die Erzählung wie einen Fächer vorstellen, den Bassani im Gelenk dieser einen Szene hält; zu Anfang ist er voll entfaltet, und man kann auf ihm die ganze Geschichte Ferraras und Barilaris unter dem Faschismus ablesen, dann schließt er sich, auf diese Szene zu, die erst geschildert wird, nachdem Bassani längst erzählt hat, wie der Apotheker sie verleugnet, sie und die ganze Mordnacht, an deren Ende sie steht, denn als man nach dem Krieg in ihm den Kronzeugen in dem Prozeß gegen die Mörder sucht – er allein hat ja beobachtet, was in jener Nacht des 15. Dezember 1943 geschah –, gibt er auf die Frage des Richters die klassische Antwort des Bürgertums aller Zeiten: »Ich schlief.«

Von da an also wird er, von seiner Frau verlassen, endgültig nur noch an seinem Fenster sitzen und den Passanten, die über das Pflaster des Grauens gehen, höhnische Worte zurufen, als Grundfigur einer Bourgeoisie, die sich, wie der Jüngling Barilari, beim Marsch auf Rom die venerische Krankheit holte, sich danach, als es zu spät war, entsetzt zurückzog, um schließlich auch noch die letzte Pflicht zu verweigern, die ihm auferlegt war: die Aufklärung des gewiß Unaufklärbaren. Was hat Pino Barilari zu seinem Verrat bewogen? Bassani hütet sich, es auszusprechen, aber die Meisterschaft, mit der er eine große politische Erzählung auf eine minuziös gezeichnete private Szene zurücknimmt, in ihr den sadomasochistischen Mechanismus menschlicher Triebe enthüllt, antwortet auf alle Fragen mit jener Szene selbst und mit nichts weiter. Doch da er nicht nur ein klassischer, sondern auch ein abgefeimter Erzähler ist, stellt er nicht selbst, sondern läßt er von Anna die

Frage stellen, zu der das Verhalten Barilaris den Leser bewegt. »›War er verrückt geworden?‹ fragt Anna sich. Und sie gibt sich selber die Antwort: ›Möglich, bei seiner Krankheit. Aber andererseits: wie hätte sie weiterhin mit ihm zusammenleben können, ohne daß auch sie schließlich nach und nach wahnsinnig geworden wäre?‹« Es ist dieser achselzuckende Ton, der die Erzählung färbt. In ihr lebt etwas von der Verachtung Ariosts, der Raserei Tassos gegen Ferrara. Wie haben sich denn die Mitbürger Barilaris (und Bassanis) angesichts dieses Mordes verhalten? »Und es mag seltsam berühren, daß der so gut wie allgemeine Abscheu vor diesem Mord einhergehen konnte mit dem sofortigen allgemeinen Entschluß, den Mördern ein freundliches Gesicht zu zeigen, ihren Gewaltmethoden öffentlich zuzustimmen und sich ihnen zu unterwerfen. Aber gerade so war es, und es ist zwecklos, es verheimlichen zu wollen, ebenso wie es wahr ist, daß fortan in keiner Stadt Norditaliens der republikanische Faschismus eine so imponierend hohe Zahl von Parteimitgliedern aufweisen konnte. Seit dem Morgen des 17. Dezember sah man lange Schlangen schweigender Menschen im Hof der *Casa del Fascio*, des Parteihauses im Viale Cavour, anstehen, die darauf warteten, daß sich die Parteibüros öffneten.«

So entspricht das Verhalten des Kollektivs vor der gesellschaftlichen Realität dem Verhalten des Individuums vor der psychischen Wahrheit: als Anna nach oben kommt, stellt Pino sich schlafend. Er hat nichts gesehen, nichts gehört, und er wird nicht sprechen. Die politische Tragödie des Bürgertums ist gespiegelt in der Heuchelei der bürgerlichen Ehe. Wie kann man weiterhin zusammenleben mit solchen Menschen, ohne nach und nach wahnsinnig zu werden? Solche Fragen stellt sich der Reisende nach seinem ergebnislosen Gang zum Corso Roma, der übrigens auch nicht mehr nach der Stadt Rom heißt, sondern nach jenen elf Erschossenen Corso Martiri della Libertà. Er hat sich, weil er noch nicht zu Bett gehen will, vor einem Café niedergelassen, das leider nicht das Caffè della Borsa ist, sondern irgendein anderes, und ist mit einem bürgerlichen Herrn, der gleich ihm rauchend auf die allmählich sich leerende Straße starrt, in ein Gespräch geraten, eine jener höflichen und freundlichen Unterhaltungen, zu der Italiener stets bereit sind. Da wundert es ihn nicht, daß er auf seine Frage, wer denn zur Zeit Ferrara regiere, die achselzuckende, nur ganz wenig mit dem Ton des Bedauerns gefärbte Antwort erhält: »Purtroppo i rossi!« Ja, leider die Roten. Er wundert sich nicht darüber, da er die Berichte Bassanis über Ferrara kennt, er überlegt sich nur auf dem Nachhauseweg, ob die Roten aus Ferrara etwas Besseres machen werden als die Bürger. Die Geschichten Bassanis geben ihm wenig Hoffnung; sie träumen von keiner Zukunft.

Das ist vielleicht das Unvergeßlichste an Micol Finzi-Contini, diesem Mädchen mit den hellen Augen und den blonden Haaren, »von diesem besonderen streifigen Blond nordischen Haars, dem Blond der *fille aux cheveux de lin*, das nur zu ihr gehörte«, daß sie immer mehr zu einem Geschöpf ohne Zukunft wird. Und der Kunstgriff Bassanis, mit dem es ihm gelingt, Micols Verzicht auf die Zukunft, ihre Lethargie vor einem unabwendbaren und grauenhaften Ende zu zeigen, besteht darin, ihre Reinheit und Frische ganz in die Gegenwart ihrer Jugend zu bannen. Ihre Jugend – das ist der Park der Finzi-Contini, sein Tennisplatz, seine alten Bäume, der Anlegeplatz am Canale Panfilio. Man könnte einwenden, Bassani bediene sich hier des alten Tricks der bürgerlichen Dekadenz-Literatur, die es stets verstanden habe, eine Landschaft und die Figuren, die sich in ihr bewegen, mit jenem Ton der Schwermut, der Trauer um etwas unwiederbringlich Vergangenes zu tingieren, der sie im Herzen des Lesers zu einem Gegenstand unstillbarer Sehnsucht macht. Wer so urteilt, vergißt, daß Micol die Fragwürdigkeit ihres resignativen Verhaltens sehr wohl erkennt, daß sie darum instinktiv die Werbung des bürgerlichen Ich-Erzählers abweist und statt dessen ein Verhältnis mit dem Kommunisten Malnate eingeht, in einem Akt der Radikalität, der dennoch nicht über sich hinausweist. Auch Malnate gelingt es nicht, Micol irgendeine Zukunft ahnen zu lassen. Bassanis Buch ist nicht nur ein fin-de-siècle-Roman reichen jüdischen Bürgertums; es ist auch ein Buch schärfster Kritik an jenem alten, kultivierten Judentum, das sich ohne Widerstand in sein sogenanntes Schicksal ergab. Aus der Spannung zwischen Liebe und Kritik lebt es. Immer versucht der junge Mann, in dem Bassani seine eigene Jugend nur notdürftig verhüllt, sich dem narkotischen Zauber des Gartens der Finzi-Contini zu entziehen, und schließlich findet er auch die Kraft dazu, da Micol ihn abweist. Es ist nicht seine Schuld, sondern diejenige Bassanis, daß dieser Park, wenn man das Buch zuklappt, nicht entzaubert ist, sondern in seiner ganzen Macht weiter vorhanden und daß uns Micol noch immer seine Gruppe von sieben hohen, schlanken *Washingtoniae graciles* oder Wüstenpalmen, oder jene riesige Platane zeigt, die nicht von ihrer Großmutter Josette gepflanzt worden ist, sondern von Ercole I d'Este persönlich oder gar von Lucrezia Borgia, wobei sie uns, wenn wir vom Anblick dieser Bäume nicht sogleich berührt werden, so dringlich fragt wie seinerzeit ihren jungen Verehrer: wie er leben könne, ohne zu *empfinden?*

Irgendeine absurde Hoffnung treibt den Bassani-Leser und Besucher Ferraras an, diesen Garten zu suchen, obwohl er doch schon aus dem Buch selbst erfahren hat, daß es ihn nicht mehr gibt. Er weiß auch, daß er dort auf keinen Fall Micol begegnen würde, erstens, weil sie getötet wurde, und zweitens, weil die wirkliche Micol, diejenige, der Bassani sein Buch gewidmet hat, dem schon erwähnten Gewährsmann zufolge, gar keine Finzi-Contini war (eine Familie dieses Namens hat es überhaupt nicht gegeben!), sondern eine Bassani Magrini, die keinesfalls draußen in der *magna domus* wohnte, sondern vielmehr im Borgo Leone, in der Nähe der Piazza Tasso. Das alles scheint sehr verwickelt und Bassani jedenfalls kein Dokumentarist zu sein*. Dennoch begibt sich der Reisende also zum Corso Ercole I d'Este, weil an seinem Ende sich das Besitztum der Finzi-Contini befinden soll. Bassani und Piovene, Carducci und d'Annunzio haben ihn darauf vorbereitet, daß er eine der schönsten Straßen der Welt betritt, und er ist, wie bei allem in Ferrara, wieder überrascht, daß diese berühmte Schönheit sich so unauffällig präsentiert. Die Straße ist still, wenige Fußgän-

* Nicht einmal in der Erzählung *In einer Nacht des Jahres 1943* hat Bassani die authentischen Namen der Ermordeten und ihrer Mörder verwendet, obwohl er die Vorgänge historisch richtig rekonstruiert. (Siehe Renato Jannucci, *Storia di Ferrara*, 1952.)

ger nur sind zu sehen, selten ein Auto. Die Fahrbahn ist noch mit Kieseln gepflastert, zwischen ihr und den Trottoirs zwei Reihen weißer Prellsteine, zu beiden Seiten die Mauern der Quattrocento-Paläste in der Farbe gealteter Terrakotta zwischen Gelb, Grau und Rot, von Gartenmauern unterbrochen, über die Bäume ragen. Das Verhältnis der Straßenbreite zur Höhe der Häuser ist vollkommen; die Straße wirkt kubisch. Der Reisende gerät ins Schlendern, tritt in Toreinfahrten, läßt sich von Gärten verzaubern. Im Palazzo dei Diamanti verweilt er lange vor den Bildern Cosmè Turas, stellt wieder einmal fest, daß es der bildenden Kunst noch stets gelungen ist, die Folter zu ästhetisieren. (Ein furchtbarer Gedanke: sie wird eines Tages imstande sein, Auschwitz darzustellen, etwa in der Art von Henry Moores *Shelter Sketch Book* oder in Gestalten à la Giacometti!) Dann wieder der Corso Ercole I, der nun einfacher wird, die Prellsteine hören auf, auch die Paläste, statt dessen hohe Pappeln zu beiden Seiten, dahinter niedrige ländliche Häuser, schon erkennt man, daß die Straße am grünen Inneren des Stadtwalls endet. Der Tag ist zartblau. Hier müßte doch nun, zur Linken, der Garten der Finzi-Contini liegen! Ein großes Tor ist zu sehen, daneben ein Haus, das ein Pförtnerhaus gewesen sein könnte. Aber dahinter liegt kein Park, sondern ein riesiges Baugelände: Bagger, Krane, Wohnhäuser, ein Kino, eine Kirche. Also nicht einmal das ist geblieben, was Bassani als Überrest geschildert hat: eine Ruine, von Lumpenproletariat bevölkert, von einem großen Nutzgarten umgeben. Nur die riesige Größe des Parks ist noch auszumessen: hier hat also eine ganze kleine Stadt Platz gefunden. Entmutigt ersteigt der Leser den Stadtwall, dort oben steht noch ein verfallendes Wächterhaus – ist es Bassanis *dogana vecchia?* Im grünen Gras, zwischen den jungen Platanenstämmen, unter dem weißlichen Frühlingshimmel, sitzt eine Gruppe Mädchen, in eine Unterhaltung versunken. Jenseits der Mauer und des Canale Panfilio die Ebene, dahinter Häuser, das muß die Gegend von Occhiobello am Po sein, wo Antonioni *Il Grido* drehte. Nur dies ist also übriggeblieben: die Mura degli Angeli, aber nicht mehr der Blick »in die grüne Wirrnis von Stämmen, Zweigen und Laub, bis man die merkwürdige spitze

Silhouette des Herrensitzes erkannte und, sehr weit im Hintergrund, am Rande einer großen Lichtung, den grauen Fleck des Tennisplatzes«. Der Besucher wendet sich an eine Frau, die auf dem Abhang sitzt und strickt, sie ist hübsch, sie trägt ein schwarzes Kleid und eine schwarze Schleife in ihrem blonden Haar, das junge Mädchen neben ihr ist in Rosa gekleidet, und neben den beiden weiblichen Gestalten steht ein Kinderwagen mit einem schlafenden Säugling darin; der Besucher, von seiner Nostalgie nach dem Garten der Finzi-Contini getrieben, erkundigt sich endlich, ob die Frau – sie muß um die Dreißig sein – sich noch an ein von einem großen Park umgebenes Haus erinnern könne, das hier gelegen sein müsse, und sie gibt eine doppeldeutige Antwort. »Ja«, erwidert sie, »man sagt, hier habe die große Villa eines *ebreo* gestanden, aber es ist nicht gewiß, ein Rest der alten Parkmauer existiert noch.« Sie nimmt den Widerspruch zwischen ihrer Ungewißheit und dem Vorhandensein eines Stücks Mauer nicht wahr. So entsteht also eine Sage – aus unbezweifelbaren Bruchstükken von Realität und einem *man sagt, es ist nicht gewiß.* Der Fremde findet später den Mauerrest und ist gerührt. Aber handelt es sich wirklich um ein übriggebliebenes Stück Mauer des Gartens der Finzi-Contini? Jemand – wieder ein Kenner! – versichert ihm nachher, das Haus, das Bassani wirklich gemeint habe, befände sich in einem ganz anderen Teil Ferraras. Alles verwischt sich, wird unklar. Wieder geht der Leser in einem Bilderrätsel umher, wie stets in dieser Stadt, wie stets in der Dichtung.

Die Geister der Literatur haben den genarrt, der sie in der Wirklichkeit suchte. Was hat ihn denn veranlaßt, nach Ferrara zu fahren? Nicht die klar erkennbaren Elemente der Kunst Bassanis, die sehr schnell definiert sind: italienischer Regionalismus, jüdischer Humanismus, bürgerlicher Realismus und eine klassische Schreibweise, die fast unsichtbar, nur eben in der Tonlage, von Kritik, von Bewußtsein gefärbt ist, so daß Bassani für jeden, der ein genaues Gehör hat, kein klassizistischer, sondern ein moderner Autor ist. Das alles ist so leicht zu beschreiben wie ein Palast von Biagio Rossetti, wie ganz Ferrara. Es ist nicht schwer, Ferrara zu beschreiben.

Diese Stadt ist ausgezeichnet beschrieben worden, und oft in nur wenigen Sätzen. Hingegen ist es sehr schwierig, Ferrara zu erzählen.

Daß Giorgio Bassani Ferrara erzählt hat, das war es, was den Fremden dorthin gelockt hat. Heimgekehrt, erkennt er, daß er die Stimme Pino Barilaris nirgendwo anders hören wird als in der Erzählung Bassanis, daß Micols Bäume nur rauschen, weil sie einmal einen jungen Mann gezwungen haben, zu *empfinden*, also Teil eines erzählerischen Prozesses zu sein. Der Leser bedauert die Erfahrung, die er gemacht hat, nicht. Ein sehr großer Erzähler, so hat er erfahren, hat sich erinnert, hat seine Erinnerung zu einer kollektiven Erinnerung gemacht – *man sagt, es ist nicht gewiß* – und geht in die Erinnerung des einzelnen Lesers ein. Der Roman verwandelt sich, so, wie Ferrara sich in der Erinnerung verwandelt, aus seinen Kategorien heraustritt, Wörtern wie Quattrocento, Renaissance, Metaphysik, und zu etwas Silbernem, Rötlichem, Kubischem unter einem Ebenen-Himmel wird, jetzt aber durchflochten vom Blond der Haare Micols, umschwiegen vom lügnerischen Schlaf Pino Barilaris und von der beständigen Tapferkeit Clelia Trottis erfüllt bis in den letzten Pinselstrich Turas hinein.

Auf der Suche nach dem englischen Roman

Immer wenn ich nach England, Schottland, Wales und Irland komme – und ich versuche, in diese Länder so oft wie nur möglich zu reisen –, erkundige ich mich bei literarischen Leuten – Verlegern, Kritikern, Professoren, Studenten, Agenten, Übersetzern, BBC-Redakteuren (Schriftsteller kenne ich nur zwei) – nach neuen, lesenswerten, vielleicht sogar bedeutenden Romanen. Immer und ausnahmslos erhalte ich die Antwort: »Wir haben nichts.« Ja, es gäbe einige Theater-Talente, aber in der Prosa, nein, da sei nichts vorhanden, was der Erwähnung wert wäre. Lebhaft entsinne ich mich daher eines Abends, an dem es mir gelang, einer Universitäts-Koryphäe einen Titel zu entreißen. Meines Insistierens sichtlich müde, stieß der mit Recht hochangesehene Gelehrte schließlich zwischen seinen Zähnen hervor, ja, es gebe in Gottes Namen ein gutes modernes Buch, das den Titel *The Horse's Mouth* trage. Ich saß konsterniert, wagte aber doch den Einwand, *The Horse's Mouth* sei bereits 1944 erschienen, und ob nicht seither...? Aber der Professor zuckte nur die Achseln, offensichtlich fest entschlossen, die Geheimnisse der englischen Literatur nicht preiszugeben.

Ehe ich das letztemal in Folkestone an Land ging, hatte ich zu Hause – in deutscher Übersetzung! – den Roman *Langrishe, go down!* des jungen Iren Aidan Higgins gelesen. Auf den Satz ›Wir haben nichts‹ konnte ich also diesmal triumphierend und besserwisserisch antworten: »Doch, Ihr habt Aidan Higgins!« Leider kannte ihn niemand. Ich versichere, daß ich während meiner Reise mit mindestens hundert Leuten gesprochen habe, die beruflich mit moderner Literatur zu tun haben. Eine junge Dame in Manchester war die einzige, die den Namen Aidan Higgins wenigstens schon einmal gehört hatte. Das ist sehr schade, denn *Langrishe, go down!* ist wirklich ein vorzügliches Buch, eine höchst originelle Mischung von Poesie und Analyse.

Jedermann weiß, daß die Engländer, Schotten und Waliser (von den Iren spreche ich später) trotz einer Einrichtung, die sich ›The British Council‹ nennt, keine Talente zu *Kulturpropaganda* haben. Sie sollten sich ein Beispiel an den Franzosen nehmen! Bekanntlich besteht ein Abkommen zwischen André Malraux und dem Münchner Goethe-Institut, welches die Bundesrepublik zwingt, sämtliche 273 Autoren des *nouveau roman* lückenlos ins Deutsche zu übersetzen. So ist es kein Wunder, daß diese geniale Erfindung, die es erlaubt, den Roman zu schreiben, ohne den Roman schreiben zu brauchen, in Deutschland zahlreiche Anhänger gefunden hat. Zugegeben, daß der englische Roman es gegen eine solche Konkurrenz schwer hat. Da er eigensinnig darauf besteht, Beziehungen und Konflikte zwischen Menschen darzustellen, Charaktere und ihre seelischen Regungen zu schildern, eine spannende Handlung zu entwickeln, historische und soziale Zusammenhänge scharf zu zeichnen und darüber hinaus die Individualität seines Verfassers zu spiegeln, eignet er sich nicht recht als Modell für pseudo-metaphysische Programme. Er ist überhaupt nicht programmatisch, sondern human, eine Eigenschaft, die allein schon genügt, ihn als veraltet denunzieren zu dürfen; daß er außerdem noch *du métier* ist, wie die Franzosen sagen, die das ihre verlernt haben, macht ihn höchst unbequem. Gewisse Kreise möchten ihn deshalb am liebsten ins Gebiet des gehobenen Unterhaltungsromans abschieben, und diese Richtung des Literatur-Terrors hat es schon sehr weit gebracht, wenn man bedenkt, daß die deutsche Ausgabe von Graham Greenes *The Comedians* nur noch von wenigen prominenten Kritikern besprochen wurde und in der literarischen Diskussion kaum eine Rolle spielte – das inhaltlich erregende und technisch brillante Werk eines Mannes, der noch vor wenigen Jahren der einflußreichste englische Autor in Deutschland war.

Natürlich beklage ich mich nicht im Ernst über die Unfähigkeit der englischen Literatur, sich gehörig in Szene zu setzen. Es ist auch im Jahrhundert des *advertising* und der *public relations* nicht die Aufgabe eines Landes, seine Kunst auf Messen zu verkaufen. Eher schon müßte es zu den Leitmotiven jenes

Landes gehören, dessen größter Dichter den Begriff der Weltliteratur gefunden und definiert hat, nach den Zeugnissen der Kultur eines von uns bewunderten Volkes, i. e. nach guten englischen Büchern zu suchen. Aber wir bewundern zwar den englischen Hang zum *understatement*, doch honorieren wir ihn nicht. Besonders nicht während der letzten zwanzig Jahre. Ich kann nur die Fakten geben, ich bin nicht imstande, zu erklären, warum unsere Kenntnis des englischen Romans mit Graham Greene und Evelyn Waugh aufhört. Bei diesen beiden habe ich noch dazu den Eindruck, daß ihre Wirkung in hohem Maße ihrem Katholizismus zuzuschreiben ist. Von den übrigen lebenden englischen Autoren werden genau fünf von ihren deutschen oder schweizerischen Verlegern ›gepflegt‹. Es sind dies: Angus Wilson, Iris Murdoch, William Golding, Muriel Spark und Alan Sillitoe. Außerdem hatten wir bekanntlich eine Lawrence Durrell-Welle. (Diejenigen, die sie veranstaltet haben, haben sie nachträglich in aller Form widerrufen, was ich nicht sehr hübsch fand, denn Durrell hat diese Behandlung nicht verdient, ganz abgesehen davon, daß Wellen und Moden zu den Dingen gehören, die man nicht rückgängig machen kann.)

Vielleicht sind einige meiner englischen Leser schon ganz zufrieden damit, daß wenigstens die genannten Autoren ihren Weg auf den Kontinent gefunden haben, obwohl auch sie möglicherweise die Auswahl als etwas zufällig empfinden werden. Ich könnte sie nun weiter beruhigen, indem ich ihnen mitteile, daß auch einzelne Werke immer wieder einmal bei uns auftauchen. So besitzen wir Bücher von Henry Green, Richard Hughes, William Plomer, L. P. Hartley, C. P. Snow, Anthony Powell sowie einige Erzählungen von V. S. Pritchett. Aber besitzen wir sie wirklich? Henry Greens Bücher erschienen vor fünfzehn Jahren, und man hat seither nichts mehr von ihnen gehört. Richard Hughes' *The Fox in the Attic*, ein Buch, das Deutschland einiges angeht, blieb ohne alle Wirkung. William Plomers *Turbott Wolfe* wurde überhaupt nicht zur Kenntnis genommen. Was für ein reiches und schönes Buch ist doch L. P. Hartleys *The Go-Between!* Aber wir haben offensichtlich nicht begriffen, daß wir ein Meisterwerk erhielten, sonst wäre es doch unerklärlich, daß seit dem Erscheinen der deutschen Ausgabe im Jahre 1956 kein weiteres Buch dieses Schriftstellers bei uns herausgekommen ist. Warum haben wir keine Hartley-Welle veranstaltet? Ich vermute, daß sowohl Hartleys Bücher wie ihre Leser sich dazu nicht recht eignen. Sollten womöglich dem englischen Roman überhaupt jene Eigenschaften fehlen, die es erlauben würden, ihn zu einer Mode zu machen? Kann man ihm kein *image* schaffen, weil er zu viele *imagines* besitzt – die individuellen Gesichter vieler Schriftsteller, denen die Vorstellung, sie könnten literarische Tagungen besuchen oder Gruppen bilden, offensichtlich grotesk erscheint? Fehlt es dem englischen Roman, kurz gesagt, an Konformismus?

Eine Ausnahme bilden die Iren. Irische Autoren werden sehr gerne übersetzt und gelesen, und zwar um so lieber, je irischer sie uns vorkommen. Schon die Vorsilbe O' löst bei uns ein leises Beben von Sympathie aus, so daß Schriftsteller, die O'Faolain, O'Flaherty, O'Connor und O'Kelly heißen, fast automatisch mit einem aufgeschlossenen deutschen Publikum rechnen können. (Nur Beckett und Joyce haben es auch ohne O' geschafft.) Wenn wir von einem irischen Autor jedoch den Eindruck gewinnen, er sei doch mehr ein englischer Autor, so hat er es schwerer mit uns. Beispielsweise kennen wir von Elizabeth Bowen nur ein einziges Buch, *A World of Love*, weil uns niemand gesagt hat, daß diese große Schriftstellerin Irin ist, und uns ihr bezauberndes Buch, obwohl es in Irland spielt, in seiner Diskretion und raffinierten Einfachheit sehr englisch vorkam. Falls Mrs. Bowen wünscht, in Mitteleuropa Erfolg zu haben, sollte sie sich O'Bowen nennen.

Ich schreibe nun wahllos die Namen einiger englischer Schriftsteller auf, von denen wenig bis nichts ins Deutsche übersetzt wurde: William Sansom, Anthony West, Philip Toynbee, P. H. Newby, Robert Liddell, William Cooper, Nigel Dennis, Colin MacInness, Doris Lessing, Pamela Hansford Johnson, Olivia Manning, Thomas Hinde, Malcolm Bradbury,

Honor Tracy, V.S.Naipaul, Jean Rhys, Sean Hignett, Anthony Burgess, J.D.Scott, Rosamond Lehmann, F.L.Green, Rose Macaulay. Ich entschuldige mich bei all denen, die ich hier nicht genannt habe. Es ist auch möglich, daß ich mich in dem einen oder anderen Fall irre, aber es steht absolut fest, daß wir weder *On a Dark Night* noch *Tea with Mrs. Goodman* kennen, weder *The Last Enchantments* noch *Scenes from Married Life*, weder *Cards of Identity* noch *Absolute Beginners*, weder *The Humbler Creation* noch *The Day the Call came*, weder *The Spoilt City* noch *The Grass is Singing*. Selbstverständlich kenne ich nicht alle diese Bücher. Aber immer, wenn ich an eines von ihnen geriet, habe ich Eigenschaften gefunden, die dem deutschen und französischen Roman verlorengegangen sind: Witz, Originalität des Standpunkts, Interesse an Menschen, Unsentimentalität trotz starker Gefühle, kritischen Realismus und ein technisches Können, das alles in den Schatten stellt, was die kontinentalen Schulen unter dem Einfluß ungeeigneter Lehrer heute anzubieten haben. Höchstens der moderne italienische Roman besitzt noch diese Tradition sicherer Qualität, ohne deren Vorhandensein das einzelne Werk, welches die Tradition sprengt, nicht denkbar wäre. Das Verhältnis von Bassani zu Gadda ist kein mechanisches, sondern ein dialektisches; die Beziehung von Ivy Compton-Burnett zu Beckett desgleichen. Doch hartnäckig hält sich das Vorurteil, der englische Roman sei konventionell; ich rate denen, die dieses Gerücht glauben, einmal Nigel Dennis' *Cards of Identity* zu lesen oder David Storeys *This Sporting Life*. Natürlich würde das Auftauchen all dieser Bücher bei uns eine Katastrophe herbeiführen: das Ende des allgemeinen Geschwätzes vom Ende des Romans. Das Erscheinen einer Geschichte, wie sie P.H.Newby mit *The Journey to the Interior* geschrieben hat, wäre äußerst fatal für diejenigen, die uns versichern, es gäbe heute nichts mehr zu erzählen. Vielleicht auch würde die Lektüre von Malcolm Bradburys *Eating People is Wrong* deutsche Studenten auf die Idee bringen, einen deutschen Schriftsteller um eine annähernd so bewegende, dichterische, traurige und komische Schilderung des Universitätslebens zu bitten, wie sie Bradbury seinen englischen Altersgenossen geliefert hat. Doch sind solche Spekulationen müßig. Die Begegnung hat nun einmal nicht stattgefunden. Kann sie nachgeholt werden? Es wäre schon viel erreicht, wenn gewisse kontinentale Literatur-Lobbies aufhören würden, das bescheidene englische ›Wir haben nichts‹ in das anmaßende und uninformierte ›Sie haben nichts‹ zu konjugieren.

Im Jahre 1930 erschien bei Zsolnay die deutsche Ausgabe eines höchst seltsamen Romans, des *Wolf Solent* von John Cowper-Powys, der seitdem unter deutschen Intellektuellen als Geheimtip kursiert. Die magische Atmosphäre dieses Buches, seine Naturmystik, die Darstellung geheimnisvoller psychischer Beziehungen zwischen Menschen, die in einer Art erotischer Selbsthypnose des Helden endet, entsprach gewissen deutschen Neigungen, unserer Vorliebe für einen Autor wie Hans Henny Jahnn beispielsweise. Wir waren überrascht, ein solches Buch gerade aus dem ›rationalistischen‹ England zu bekommen. *Wolf Solent* ›lag‹ uns – um so merkwürdiger ist es, daß wir kein weiteres Werk von John Cowper-Powys übersetzt haben, weder *Weymouth Sands* noch *A Glastonbury Romance*, um nur die wichtigsten zu nennen. Hier nun geraten wir in ein absolutes Rätsel, denn wenn wir den englischen Roman nicht in unser kulturelles System hereinnehmen, weil er uns als zu traditionell erscheint, als ›zu englisch‹, wie Verleger sich gerne ausdrücken, wenn sie wieder einmal einen Vorschlag ihres Londoner *scout* ablehnen, so müßte er uns doch zumindest in denjenigen seiner Ausformungen interessieren, in denen er ganz deutlich unsere Vorstellung vom englischen Roman (die eine falsche Vorstellung ist!) sprengt. Selbstverständlich haben wir James Joyce, James Joyce in allen Fassungen, Entwürfen und Notizen, und mit der gesamten Sekundärliteratur. Manchmal hat man den Eindruck, als würden wir uns mit unserer Joyce-Ikonoklastik von allem, was sonst in England geschah, als Joyce schrieb, dispensieren. Ich denke natürlich nicht im Traum daran, John Cowper-Powys mit Joyce zu vergleichen, aber ich stelle mir vor, wie sich eine Darstellung der neueren deutschen Literatur für Engländer ausnähme, in der ausschließlich von Thomas Mann die Rede wäre. Es gibt da ganz unbegreifliche Unterlassungssünden; Wyndham Lewis ist uns gänzlich unbekannt, von Ford Madox Ford besitzen wir ein einziges Buch. 1966 tauchte die Spitze des Eisbergs, der den Namen Ivy Compton-Burnett trägt, für einen Augenblick in unseren literarischen Gewässern auf, um sogleich wieder zu verschwinden, und nichts habe ich beim Erscheinen von *A Family and a Fortune* mehr vermißt als den berühmten Spürsinn unserer Avantgarde, ihr Sensorium für eine Literatur der radikalen linguistischen Konsequenz. Wieder anders liegt der Fall D. H. Lawrence, von dessen Bedeutung in England und für England man sich bei uns keine Vorstellung macht. Tatsächlich ist D. H. Lawrence für viele deutsche Intellektuelle nichts weiter als der Verfasser eines kitschigen Romans. Nun ist aber nicht einmal *Lady Chatterley's Lover* ein kitschiges Buch, sondern über weite Strecken hin ein die geistige und soziale Situation Englands scharf beobachtender Roman voll grausam genauer Menschenzeichnung. Aber jenem trivialen Urteil ist es zuzuschreiben, daß die Meisterwerke von D. H. Lawrence zur Zeit im deutschen Buchhandel nicht erhältlich sind und daß man ausgelacht wird, wenn man behauptet, es handle sich bei dem Autor von *Sons and Lovers* um einen Autor von absoluter Größe, der sehr wohl mit James Joyce in einem Atem genannt zu werden verdient und mit ihm zusammen das Bild der englischen Moderne bestimmt. Ich vergesse nicht Virginia Woolf. Sie wenigstens besitzen wir in einer guten Ausgabe, und ihr Rang ist in Deutschland unumstritten. Aber einige aparte Klein-Meister besitzen wir nicht, und wiederum ist es rätselhaft, daß wir uns, bei unserer Vorliebe für Exzentrisches und Elite-Theorien, nicht längst auf Roland Firbank gestürzt haben, oder, mit unserer sentimentalen Zuneigung zu zarter, lyrischer Prosa, auf Denton Welch.

Ich fürchte, ich habe mich in einem Irrgarten verlaufen. Auf jeden Fall bin ich von dem einfachen Wunsch, ein paar englische Bücher mehr möchten ins Deutsche übersetzt werden, in das komplizierte Feld der geistigen Beziehungen zwischen Nationen geraten. Dort herrschen geheimnisvolle Gesetze, oder vielleicht gar keine Gesetze, sondern das komplette Durcheinander. Auch bin ich alles andere als ein Kenner der neueren englischen Literatur. Ich lese dies und das; niemals habe ich ernsthafte Studien betrieben. Und genau das ist es, was uns am meisten fehlt: ein souveräner Kenner. Er fehlt uns seit Jahrzehnten. Niemals haben wir für England ein Buch von der Bedeutung, der künstlerischen Kraft und der inneren Spannung der ›Wegbereiter des modernen Frankreich‹ gehabt. Am Akt geistiger Verbindung muß, in den höheren Rängen, etwas Geniales mitwirken, wenn er zustande kommen soll. Wir brauchen einen Ernst Robert Curtius der deutschen Anglistik.

Was alle lesen

Simenon und das Klassenziel

Was tut ein Buch, das uns informiert, und zwar informiert über ein Gebiet, von dem wir nichts oder nur wenig wissen? Es schließt bekanntlich eine Lücke. Was tun zwei Bücher, die zu gleicher Zeit das gleiche Gebiet behandeln? Sie schließen die Lücke doppelt, und da doppelt genäht besser hält, haben wir dankbar zu sein.

Die Koinzidenz ereignete sich, als uns beinahe gleichzeitig der Luchterhand Verlag Maurice Nadeaus Darstellung des französischen Romans seit dem Kriege und der Walter-Verlag eine von Bernard Pingaud herausgegebene Porträt-Sammlung französischer Schriftsteller der Gegenwart offerierten. Nadeau, Herausgeber der *Lettres Nouvelles*, orientiert uns elegant und souverän, wenn auch ein bißchen kursorisch; Pingaud, jünger, Schüler Nadeaus, überläßt die Mühe des Porträtierens 47 Kritikern, die 47 Schriftsteller zeichnen, ein beliebtes Muster heute, wenn man schnell zu einem Buch kommen will. Nadeau informiert, Pingaud gibt Informationen, so ergänzt sich manches, brauchbar sind beide Bücher, und notwendig waren sie, weil wir Zusammenfassendes über die literarischen Vorgänge in Frankreich während der letzten Jahre nicht mehr hatten. Zwar hatten wir die Vorgänge selbst, es ist ja brav übersetzt worden, aber man möchte eben doch wissen, wie dieses mit jenem zusammenhängt oder auseinanderfällt.

Oder ist vielleicht die kritische Anthologie Pingauds doch unbrauchbar, wenn man bedenkt, daß in ihr Schriftsteller wie Aragon, Ponge, Queneau, Montherlant, Giono, Mauriac und Julien Green fehlen und von den Jüngeren Colette Audry, Jean Cau, Dominique Rolin, Paul-André Lesort, Boris Vian, Jean Reverzy, Pierre Klossowski, um nur ein paar zu nennen? Nun gut, man kann ja auch irgendwelche Auskünfte brauchen. Begnügen wir uns damit, daß Pingaud uns ein paar Auskünfte über Autoren zuteil werden läßt, die er für wichtig hält. Ich habe ja nicht vor, diese beiden Bücher zu rezensieren.

Warum ich überhaupt auf sie zu sprechen komme? Es ist mir aufgefallen, daß in allen beiden der berühmteste, der meistgelesene Romancier unserer Zeit fehlt, ein Mann, der von Gide, Hemingway und vielen anderen, nicht gerade flachen Köpfen als literarische Erscheinung sui generis angesehen wurde und der auch wirklich ein Wunder an Produktivität und Können ist.

Ich spreche von Georges Simenon.

Man steht da vor einem Rätsel. Lassen wir Pingaud beiseite, er ist vielleicht ein junger Dogmatiker – immerhin ist er auch schon über vierzig –, sieht vielleicht wirklich nicht über den Begriff der Literatur hinaus, der ihm auf der Ecole Normale Supérieure beigebracht wurde. Aber Nadeau, der große Nadeau, ein Kritiker voller Geist, ohne die geringsten Scheuklappen, ein mit allen Wassern gewaschener und mit den feinsten Essenzen gesalbter Homme de lettres, dem das Problem Simenon, das nun seit Jahrzehnten in der französischen Literatur, und nicht nur in ihr, herumgeistert, unbedingt bekannt sein muß – warum erwähnt selbst er Simenon mit keinem Wort?

Es ist ein Rätsel, und ich löse es nicht.

Mindestens die folgenden Bücher Simenons sind Meisterwerke: *Das Begräbnis des Herrn Bouvet – Die Zeugen – Die Brüder Rico – Der Passagier vom 1. November – Der kleine Mann aus Archangelsk – Brief an meinen Richter – Der Mann mit dem kleinen Hund – Maigret in Holland – Die Glocken von Bicêtre.* Simenon-Freunde von überallher werden mir ins Wort fallen. *Die Großmutter*, werden sie rufen, oder *Die Ehe der Bébé Donge*, oder *Es geschah an einem Sonntag.* Genug! Hätte Simenon nichts geschrieben als den *Mann mit dem kleinen Hund*, er hätte das Seine getan.

Doch wie er sich auch anstrengen mag, er kommt nicht in die Literaturgeschichte. Da legt er Jahr für Jahr ein paar neue Modelle feinster psychologischer Schilderung, unheimlicher Seelenkenntnis und dichtester Zeichnung von Umwelt und Epoche hin, in einer Sprache ohne Sentimentalität, wenn auch von großer Humanität, in einem hämmernden, schmucklosen, von knisternder Spannung erfüllten Stil, an dem er viele Jahre seines Lebens bis zur Vollendung gearbeitet hat – es nützt ihm nichts. Da lesen ihn die Hausfrauen und die experimentellen Lyriker – o ja, ich kenne Texte-Verfasser von höchster Esoterik, die, wenn sie einmal ein Buch lesen wollen, ein richtiges Buch, Simenon lesen, und nichts als Simenon, jede Zeile von ihm –, es lesen ihn die Stenotypistinnen und die Mythenforscher, die Automechaniker und die Atomphysiker, aber die Kritik rührt das nicht. Sie spricht von Trivialliteratur.

Dafür hat die Sagan das Klassenziel erreicht. Ihr, die ein paar dünne Gefühlchen und ein paar manierierte Situationen mit einer literarisch aussehenden Sauce anrichten kann, widmen Nadeau und Pingaud eigene Kapitel. Die Sagan ist Literatur, Simenon nicht.

Es ist ein Rätsel. Es gibt einem den Verdacht ein, unser ganzes Konzept von Literatur könne falsch sein. Oder mindestens unser Begriff von der Trivialliteratur. Im Falle Simenon wäre er ohnehin falsch angewendet, denn Simenon ist kein trivialer Unterhaltungsschriftsteller, obwohl er glänzend unterhält.

In seinem nachgelassenen Buch *A Moveable Feast* erzählt Hemingway, wie Gertrude Stein ihn, nachdem sie ihm von Aldous Huxley und D.H.Lawrence abgeraten hatte, auf eine englische Kriminalschriftstellerin namens Marie Belloc Lowndes aufmerksam macht: »Ich hatte nie von ihr gehört, und Miss Stein lieh mir *The Lodger*, jene fabelhafte Geschichte von Jack the Ripper, und noch ein Buch über eine Mordtat in einem Ort außerhalb von Paris, der nur Enghien-les-Bains sein konnte. Beides waren großartige Bücher für die Zeit nach der Arbeit, die Charaktere glaubhaft und die Handlung und der Terror nie unecht. Sie waren ideal als Lektüre, nachdem man gearbeitet hatte, und ich las alles von Mrs. Belloc Lowndes, was es gab. Aber es gab nur gerade so viele und nicht mehr, und keins war so gut wie die beiden ersten; und ich fand für diese leere Tages- oder Nachtzeit niemals etwas gleich Gutes, bis die ersten wunderbaren Bücher von Simenon herauskamen.«

Ich weiß, ein Urteil von Hemingway ist heute keine Karte mehr, die sticht. Hemingway ist passé. Mir ist übrigens kürzlich eingefallen, wie ich reich werden könnte: ich werde mit allen Leuten, die Hemingway für passé erklären, hohe Wetten abschließen, daß es spätestens bis zum Jahre 1975 eine große Hemingway-Renaissance geben wird.

Nur Simenon wird es auch bis dahin noch nicht geschafft haben. Es ist ein Rätsel, und ich löse es nicht.

Wie trivial ist der Trivialroman?

Was am Trivialroman zuallererst auffällt, ist seine Unsterblichkeit. *Die letzten Tage von Pompeji* und *Der Graf von Monte Christo*, *Der Glöckner von Notre Dame* und *Ivanhoe*, *Ben Hur* und *Oliver Twist*, *Die Geheimnisse von Paris* und *Lederstrumpf*, *Winnetou* und *Sherlock Holmes*, *Dracula* und *Die Frau in Weiß* – alle diese Bücher benehmen sich so, als wüßten sie überhaupt nicht, daß ihr erstes Erscheinen 140, 100, 80 Jahre zurückliegt. Unbekümmert, vital, lassen sie sich als Lesefutter von Millionen verschlingen, und es gibt keine Anzeichen dafür, daß kommende Generationen auf solche Nahrung verzichten werden. Sie haben nicht die stärkste Konkurrenz zu fürchten; zahlreich sind die Fälle, in denen sich jemand den Druck auf die Taste des Fernsehapparats gereizt verbittet, weil er in der Lektüre des Schicksals von Marian Halcombe nicht unterbrochen zu sein wünscht.

Die Dauerhaftigkeit des Trivialromans – unter dessen klassischen Beispielen wir aber bereits neben Sue, Dumas père, Karl May und Bram Stoker die erlauchten Namen von Hugo, Dickens, Scott und Cooper finden –, seine Wetterfestigkeit, wie ich das Phänomen nennen möchte, bildet einen eklatanten Gegensatz zur Empfindlichkeit eines großen, ja des größten Teils jener Werke, die es von vornherein darauf angelegt hatten, in jene Bezirke aufgenommen zu werden, die man als Hoch-Literatur bezeichnet. Ihr vollständiges und irreduktibles Verschwinden in Universitätsseminaren – denen nicht genug dafür zu danken ist, daß sie ihr Gedächtnis aufbewahren –

stellt die dunkle Kulisse des Verwelkens dar, vor welcher der Trivialroman so robust agiert. Denn verwelkt und ins absolute Nicht-mehr-gelesen-werden versenkt sind sie, die doch ohne Zweifel Produkte voller Schönheit und geistiger Anstrengung waren; wenn ich nur an die deutsche Literatur denke: Jean Pauls *Hesperus*, Tiecks *Geschichte des William Lovell*, Novalis' *Heinrich von Ofterdingen*, Eichendorffs *Ahnung und Gegenwart*, Fouqués *Sintram und seine Gefährten*, Brentanos *Godwi*, Immermanns *Epigonen*, Mörikes *Maler Nolten* und Raabes *Schüdderump*. Die Liste läßt sich beliebig verlängern. Blickt man schärfer auf einige dieser Autoren, so entdeckt man, daß von ihrer Prosa übrigblieb, was man als lesbar, als verständlich, als spannend geschrieben bezeichnen kann: von Fouqué die *Undine*, von Brentano die *Rhein-Märchen*, von Immermann der *Münchhausen*, von Mörike das *Stuttgarter Hutzelmännlein*. Und diese Epitheta, mit deren Hilfe man den Trivialroman kennzeichnet, halten die großen Werke der Weltliteratur am Leben: *Krieg und Frieden* und *Eugénie Grandet*, *Die Brüder Karamasoff* und *Effi Briest*, *Rot und Schwarz* und *Madame Bovary* werden auch heute noch gelesen, weil sie, abgesehen von ihren sonstigen hervorragenden Eigenschaften, lesbar, verständlich und spannend geschrieben sind.

Angesichts dieses Tatbestandes ist die Literatur-Theorie heute in eine Phase erster, zögernder Zweifel eingetreten. Sollte die Trivialliteratur vielleicht gar nicht so trivial, die Hoch-Literatur gar nicht so hoch sein, wie bisher a priori angenommen wurde? Besteht möglicherweise der ganze, in diesem Begriffspaar dargestellte Gegensatz nur zum Schein? Folgen wir, indem wir einen Schein-Antagonismus akzeptieren, nur einer literarischen Konvention, die mit A. W. Schlegels Verachtung des realistischen englischen Romans begann und mit der Intransigenz heutiger Beckett-Coterien (nicht Becketts selbst!) noch nicht zu Ende ist? Ich möchte so weit nicht gehen. Der Bruch zwischen Büchern, die alle lesen können, und Büchern, die nur von einer Elite gelesen und verstanden werden können, ist seit, sagen wir 1922, dem Erscheinungsjahr des *Ulysses*, nicht zu übersehen, und er ist, wenigstens vorläufig, unheilbar. Daran ändert auch nichts, daß Stephen Daedalus'

Turm heute zum Programm jeder amerikanischen Reisegesellschaft gehört, die Dublin besucht, und daß man nach Illiers fährt, um Prousts *madeleines* zu kosten. Jenseits solcher Mythen gibt es heute eine Literatur, die, wie Herbert Rosendorfer an Oswald Wieners *Verbesserung von Mitteleuropa* so brillant nachgewiesen hat, »ohne jeden Umweg über echte Literaturkonsumenten zur Literaturgeschichte geworden ist. Sozusagen ein geborenes Fossil*.«

Sogar in diese Form der Unsterblichkeit, die darin besteht, zum akademischen Forschungsgebiet erklärt zu werden, geht heute auch der Trivialroman ein. Allerdings meldet die Universität vorläufig nur ein soziologisches Interesse an; unter dem Eindruck seiner Permanenz ist sie bereit, ›Lesegepflogenheiten‹ zu untersuchen; noch lehnt sie es, mit wenigen Ausnahmen, ab, seine literarische Qualität zu prüfen. Immerhin hat Mario Praz für die Romantik den Zusammenhang des Trivialromans mit den allgemeinen literarischen Tendenzen einer Epoche nachgewiesen**; unverächtlich stehen bei ihm Ann Radcliffe neben Milton, Pétrus Borel neben Baudelaire. Und es sind gerade die romantischen Schauerromane wie die Romane der Dekadenz und ihre späteren Derivate, die sich heute, mindestens in Mitteleuropa, der größten Beliebtheit erfreuen. In Bücherreihen der literarisch angesehensten Verlage, die sich *Bibliothek des Hauses Usher*, *Bibliothek Dracula* oder *Sammlung ›Klassische Abenteuer‹* nennen, feiern Autoren wie Eugène Sue und Gaston Leroux, Kapitän Marryat und Maturin, Joseph Sheridan Le Fanu und Rider Haggard, Bram Stoker und M.G. Lewis fröhliche Urständ'; Wilkie Collins' *Frau in Weiß* ist, in Arno Schmidts mustergültiger Übersetzung, zu einem deutschen Lieblingsbuch geworden, Pierre Louys und Jules Verne werden ebenso gelesen wie die Inkunabeln der Kriminalliteratur von Emile Gaboriau bis Maurice Leblanc. Wann Péladan und Rachilde, Freeman Wills Crofts und Frank Heller wiederentdeckt werden, ist nur eine Frage der Zeit. Man kann diese Mode gespenstisch nennen, sie als Symptom des Verfalls der

* Herbert Rosendorfer, *Ein literarisches Fossil*, enthalten in H. R., *Über das Küssen der Erde*, Zürich 1971 (detebe 10/1)

** Mario Praz, *Liebe, Tod und Teufel. Die schwarze Romantik*, München 1963 (Erste italienische Ausgabe: Florenz 1930) bürgerlichen Roman-Welt betrachten – erklärt ist damit nichts. Wenn diese Bücher *revenants* sind, so sind sie doch mindestens so wirklich wie die Gespenster, von denen sie handeln, wie *Melmoth der Wanderer*, *Carmilla* oder *Sie*.

Aber während in der Romantik und im späteren 19. Jahrhundert der Trivialroman die Tendenzen der Hoch-Literatur popularisiert, scheint es, daß er sie heute schärfer durchdenkt, ihnen in gewisser Hinsicht voraus ist. Graphisch ließe sich die Entwicklung in einer Kurve darstellen, die sich von den Gestalten des realistischen Märchens (Dickens, Collins) zu den Puppen der französischen Spät-Dekadenz (Toulet, Mirbeau) und, noch tiefer, bis zu den *comic strip*-Helden des deutschen exotistischen Schundes (Karl May) senkt, um sich, über den Kriminalroman, zur Höhe von Werken zu erheben, für die eine literarische Nomenklatur vorläufig noch nicht existiert. Es könnte sein, daß es den besten Beispielen des modernen *thriller* gelingt, das Wort Trivialroman in einen Ehrentitel zu verwandeln. Ich möchte dafür plädieren, sie ganz einfach als Romane zu bezeichnen und ihnen innerhalb der gegenwärtigen Romanliteratur den Rang einzuräumen, welcher der außerordentlichen Kunst ihrer Verfasser zukommt.

Vom Kriminalroman abgesehen läßt sich diese kaum noch überschaubare Bücherwelt grob in fünf große Stoffkreise gliedern: Historie, Western und andere exotisierende Themen, Gespenstergeschichte, *Science Fiction*, gesellschaftlicher Unterhaltungsroman. Der historische Roman, von der einfachen Konsumware bis zum literarischen Meisterwerk, war eine der großen Leistungen des 19. Jahrhunderts. Bücher wie *Die letzten Tage von Pompeji* und *Lichtenstein*, *Ivanhoe* oder *Krieg und Frieden* haben nicht nur das Bedürfnis großer Lesermassen nach geschichtlichen Kenntnissen befriedigt, sondern auch, stärker als die eigentliche Geschichtsschreibung, ihren geheimen Wunsch erfüllt, sich selber als Bestandteile einer fortwährenden Tradition zu sehen. Das historische Gefühl, das diese Bücher beförderte und trug, scheint erloschen zu sein; gegen diese Annahme spricht jedoch, daß sie noch immer, besonders von Jugendlichen und einfachen Menschen, stark gelesen werden. Auch können wir, gerade in dieser Sparte, den Aufstieg jüngerer Bücher in den Rang ewiger Bestseller beobachten; so geschah es mit *Vom Winde verweht*. Ferner gehören die Bilder der amerikanischen Pioniertradition, welche die Phantasie des Westens so mächtig angeregt, sie zu einer eigentlichen Mythologie veranlaßt haben, ins Feld des historischen Romans; wenn sie als Bücher nicht die gleiche Wirkung erzielt haben wie dieser, so, weil sie vom Film übernommen und ausgeformt wurden. Der Schauerroman ist an den konkreten Schauern des 20. Jahrhunderts gestorben; nur da und dort vermag noch eine intellektuelle Gespenstergeschichte die Erinnerung an ihn zu wecken. *Science Fiction*? Ich bekenne, daß es mir unmöglich ist, sie zu lesen, und daß ich daher über sie nichts sagen kann. Da, wie ich höre, das Interesse der Menschen sich mehr und mehr von der Vergangenheit ab- und der Zukunft zuwendet, müssen *Science Fiction* natürlich die günstigsten Prognosen gestellt werden.

Am stärksten verfehlt jenes ganze Genre, welches wir in Deutschland unter dem Begriff des Unterhaltungsromans subsumieren, die Perspektive, auf die jegliches Schreiben angelegt ist: die Möglichkeit, den Geist des Lesers zu aktivieren. Der Roman, der individuelle, familiäre, gesellschaftliche Vorgänge flach abbildet, in einem Spielraum, der von konventioneller Syntax (Galsworthy) bis zu modischem Geplauder (Sagan, Segal) reichen kann, bewegt tatsächlich nichts, verdient vielleicht als einziges der Phänomene, die hier behandelt werden, die Bezeichnung *trivial*. Gekennzeichnet ist er durch sein Verharren in einer sprachlichen Mittellage, in der Verständlichkeit absinkt zur feigen Anpassung an Lesegewohnheiten, Gewohnheiten, die es in Wirklichkeit gar nicht gibt, denn jedes Publikum läßt sich von jedem großen Schriftsteller jederzeit zu neuen Stil-Abenteuern verführen. Höchst merkwürdig und einer genaueren Untersuchung wert ist der Umstand, daß dieser Roman auch dann nichts bewirkt, wenn er, was Autoren wie John P. Marquand, Pearl S. Buck, Erich Maria Remarque und die gesamte amerikanische Bestseller-Industrie ständig getan haben und noch immer tun, nach den brisantesten politischen und geschichtlichen Stoffen greift. Alle diese Bücher sind recht gut gemacht und unterhaltend; jedenfalls scheinen sie ein breites, hauptsächlich weibliches Publikum zu unterhalten und es überdies mit einem Surrogat der Teilnahme an schwerwiegenden Problemen zu versehen; wenn man von der Lektüre aufblickt, darf man sich sagen, daß man sich je nachdem gerade mit der Frage der amerikanischen Ehe, des Gegensatzes zwischen den Generationen, der politischen Verfolgung oder der Manager-Neurose beschäftigt. Es ist wohl der Anblick dieser ehrenwerten, unerschütterlichen und bourgeoisen Konsumware gewesen, der die Protagonisten des *nouveau roman* zu ihren wütenden Angriffen gegen die Strukturen des Romans überhaupt gereizt hat. Sie sagten Balzac und meinten Romain Gary. Wenn sie die Absicht hatten, das Kind mit dem Bade auszuschütten, so haben sie zweifellos Erfolg gehabt. Wieviel stiller, wieviel vernichtender ist doch die Kritik Chandlers an dem, was sie stört. »Ich habe Marquand immer mit Vergnügen gelesen«, schreibt er, »und dabei immer empfunden, daß er dem Künstlersein so nahe kam wie nur ein Schriftsteller, der keiner ist. Aber irgendwie läßt mich sein erfolgreiches, ach so erfolgreiches Rasseln immer an kleine verlorene Bücher denken wie *Gatsby** und *Miss Lonelyhearts*** – Bücher, die nicht vollkommen sind, dem Problem oft ausweichen, Szenen vermeiden, die hätten geschrieben werden sollen (und die Marquand in der doppelten notwendigen Länge geschrieben hätte), aber es irgendwie schafften, kristallisiert, vollendet und, soweit es für solche Dinge heutzutage gilt, ewig sind, eine kleine, reine Kunst – ob große Kunst oder nicht, weiß ich nicht, aber es besteht ein merkwürdiger Unterschied zwischen der echten Sache und einem ganzen Bücherregal voll mit Pulhams und Forsytes und Charlie Grays.« Doch tauchen auch im Feld des *entertainment* Schriftsteller auf, die es überschreiten oder sich in ihm mit solcher Meisterschaft bewegen, daß sie die Grenzen zwischen Roman-Industrie und Kunst ins Fließen geraten lassen. Werk und Leben Somerset Maughams mögen der Literaturgeschichte noch lange Zeit Stoff zum Nachdenken liefern.

Es ist der Kriminalroman gewesen, der schließlich zur Geburt

* Francis Scott Fitzgerald, *The Great Gatsby*, New York 1925 (Deutsch: *Der große Gatsby*, Zürich 1974, detebe 97/1)
** Nathanael West, *Miss Lonelyhearts*, New York 1933 (Deutsch: *Schreiben Sie Miss Lonelyhearts*, Zürich 1961, detebe 40/1)

einer neuen und eigentümlichen Romanform geführt hat. Schon seine Initialzündungen durch Poe und Dostojewski waren ja hoch-literarisch, und etwas vom Geist der *Morde in der Rue Morgue* und des *Raskolnikow* lebt noch in den einfachsten Detektivgeschichten, auch wenn diese versucht haben, das Verbrechen zu domestizieren. Von Conan Doyle bis Agatha Christie und darüber hinaus hat der allmählich den Charakter einer Konvention annehmende Kriminalroman das Verbrechen als ›Fall‹ dargestellt, der immer aufgeklärt und bestraft werden kann; alle Eigenschaften der Aufklärung – Scharfsinn, Vernunft, mathematische Berechnung der Handlungselemente, rationale Schreibweise – wurden aufgewendet, den Gewaltakt als isolierten, überschaubaren und einzukapselnden Vorgang darzustellen, der nicht mehr hervorzurufen brauchte als angenehmes Gruseln. Was nicht einzukapseln war, das war das stetige und konzentrierte Interesse der Leser an dieser Art Lektüre. Über dessen Ursachen braucht hier nicht gesprochen zu werden; jedermann weiß, daß in der Rezeption des Kriminalromans der Instinkt der Leser-Massen sich dem Thema der Gewalt mit einem Interesse zuwandte, das alle anderen Interessen, gerade auch der politisch-gesellschaftlichen Konsumliteratur, glatt hinter sich ließ. Innerhalb des Referenz-Systems zwischen der populärsten Literaturform und ihren Lesern verwies noch die harmloseste Leiche der Agatha Christie auf Jack the Ripper: den ungeklärten Fall.

Was dann Hammett und Chandler in Amerika, Simenon in Frankreich aus dem Detektivroman gemacht haben, ist bekannt. Um es in Chandlers eigenen Worten zu sagen (aus dessen Nachlaß man eines der besten Bücher über das Schreiben zusammengestellt hat*: »Alles, was ich wollte, als ich zu schreiben anfing, war, mit einer faszinierenden neuen Sprache spielen, um zu sehen, was sie als Ausdrucksmittel zu leisten vermag, das vielleicht auf der Ebene ungeistigen Denkens bleibt, aber dennoch die Kraft gewinnt, Dinge auszudrücken, die im allgemeinen mit einer literarischen Pose ausgesprochen werden.« Und er präzisiert: »Meine Theorie war, daß die

* *Raymond Chandler speaking*, London 1962 (Deutsch: *Die simple Kunst des Mordes*, Zürich 1975, detebe 70/5)

Leser nur meinten, sie interessierten sich für nichts als die Handlung; daß, obwohl sie es nicht wußten, in Wirklichkeit das, was sie und auch mich interessierte, die Schaffung von Gefühlen durch Dialog und Beschreibung war. Die Dinge, an die sie sich erinnerten, die sie nicht losließen, waren zum Beispiel nicht, daß ein Mann getötet wurde, sondern daß er im Augenblick seines Todes von der polierten Platte des Schreibtischs eine Papierklammer aufzunehmen versuchte, doch sie entglitt ihm ständig, so daß auf sein Gesicht ein angestrengter Ausdruck trat und sein Mund mit einer Art gequältem Grinsen halb offenstand. Und das letzte in der Welt, woran er dachte, war der Tod. Er hörte den Tod nicht einmal an die Tür klopfen. Die verdammte kleine Papierklammer entglitt ständig seinen Fingern.« Tatsächlich schwindet bei diesen Autoren das Interesse an der ›Lösung‹ von ›Fällen‹ dahin; obwohl in Philip Marlowe und Maigret die Mythologie des Detektivs auf ihren Gipfel geführt wird, handelt es sich bei ihnen um Helden von einer nicht zu überbietenden Resignation, denen der Erfolg ihrer Aktion angesichts der anonymen Macht des Verbrechens und der Verhältnisse, die es hervorbringen, fast gleichgültig ist. Finster gehen sie durch eine geschlossene Welt schwarzer Texte, die im Leser ein Gefühl tiefer Beunruhigung zurücklassen. Nach *The Glass Key* (1934) und *The Big Sleep* (1939) ist der Kriminalroman nicht mehr die kleine, am Ende sauber aufgeräumte Ordnungszelle, sorgfältig ersonnen zur Erregung und Beruhigung eines Publikums, welches bis zum Ausbruch der großen Weltwirtschaftskrise versichert sein wollte, daß die Dinge zum besten ständen. Simenon, eine der größten Figuren der gegenwärtigen Weltliteratur, hat den Kriminalroman endgültig in den *psycho-thriller* transformiert – eine abscheuliche Bezeichnung für eine Reihe kleiner, oft meisterhafter psychologischer Studien, in denen das Programm Chandlers, auf neue Weise »Dinge auszudrücken, die im allgemeinen mit einer literarischen Pose ausgesprochen werden«, vollendet verwirklicht erscheint.

Ich habe die Geschichte der Sprengung des Kriminalromans durch den *thriller* nicht genau verfolgt, kenne nur einige Bücher von Patricia Highsmith, Margaret Millar, Graham

Greene, Eric Ambler, John le Carré, Giorgio Scerbanenco. Ihnen allen gemeinsam ist, daß das Verbrechen, obwohl es aufgeklärt wird, nicht beseitigt werden kann und am Ende triumphiert. Das Gefühl der Vergeblichkeit, der Machtlosigkeit gegenüber der Gewalt und dem Unrecht ist ihr Leitmotiv. Es gibt unter ihnen Dokumente einer so absoluten Trostlosigkeit, daß sie den Leser in die Stimmung tiefster Depression versetzen: Patricia Highsmith' *The Blunderer** ist ein gutes Beispiel dafür. (Diese Autorin gibt ihr Prinzip – das sie in der Schilderung von Neurosen, in psychischen Fallstudien von unheimlicher Exaktheit erreicht – niemals auf, auch wenn es in ihren neueren Werken, die sich der stilistischen Meisterschaft nähern, etwa in *The Tremor of Forgery***, objektiviert und damit aufgehellt wird.) Es ist nur natürlich, daß sich bei einigen dieser Autoren der Roman des überwältigenden Verbrechens zum politischen Roman ausweitet. Bereits Hammett und Chandler haben uns ja das Bild der amerikanischen Gesellschaft als einer vom Verbrechen strukturell durchsetzten gegeben, die Kolportage als Realität gezeigt. Bei Greene und Ambler erscheint die gesamte politische Nachkriegswelt als durch das Verbrechen konstituiert; *The Comedians**** oder *The Intercom Conspiracy*† sind Meisterwerke des Nachweises dieser ›Lage‹. In Scerbanencos *Traditori di tutti*††, einem der größten Bücher dieses Genres und damit unserer Zeit, das sich übrigens noch als Kriminalroman cachieren möchte, steigert sich der abgründige und kalte Haß des Autors gegen die Politik als Verbrechen zur differenziertesten, verschlagensten Entlarvung des Verbrechens als Politik, zu einer metaphysischen Studie des Nihilismus ohne einen einzigen theoretischen Satz. Alle diese Autoren betrachten die Weltzustände wie sizilianische Bauern die Mafia. Da diese Betrachtungsweise dem Zustand der Welt genau entspricht, da alle Ideologien unglaubwürdig geworden sind und die meisten Menschen sich heute einer weltumspannenden Mafia ausgeliefert fühlen, trifft die Literatur, die mit

* Deutsch: *Der Stümper*, Zürich 1974 (detebe 74/1)
** Deutsch: *Das Zittern des Fälschers*, Zürich 1970 (detebe 74/9)
*** Deutsch: Graham Greene, *Die Stunde der Komödianten*, Wien 1966
† Deutsch: Eric Ambler, *Das Intercom-Komplott*, Zürich 1971 (detebe 75/10)
†† Deutsch: Giorgio Scerbanenco, *Doppelt gekillt hält besser*, Bern 1969

der Bezeichnung *thriller* entschärft werden soll, die nervösen Zentren.

Ihre Sprache ist selbstverständlich rein instrumental, als solche funkelnd. In den Büchern von Simenon, Ambler oder Scerbanenco findet sich kein überflüssiger Satz; bei Chandler kann man nachlesen, mit welcher Methodik man dem sprachlichen Klischee ausweicht. An seine Stelle tritt, besonders bei Simenon, Highsmith, Millar, sorgfältig ausgearbeitete, tief begründete Psychologie, konsequente Motiv-Forschung. Die Romantechnik ist fast immer makellos und wird ständig variiert und bereichert. Sehr oft erreichen die Texte magische Homogenität; beispielsweise sind die ersten sechs Seiten von Scerbanencos Roman unvergeßlich in ihrer Dichte. Doch wird das von Chandler gesetzte Prinzip des Verzichtes auf ›literarische Pose‹ niemals aufgegeben – vielleicht handelt es sich dabei, zum Entsetzen sogenannter Avantgarde, um das eigentlich avancierte Prinzip heutiger Literatur.

Werden diese Romane so dauerhaft sein wie ihre formal so ganz anders strukturierten Vorgänger aus dem 19. Jahrhundert? Das vermag niemand zu sagen. Vorläufig kann man nur feststellen, daß sie von einem ebenso breiten Publikum gelesen werden. Und hier muß man auf das, neben seiner Dauerhaftigkeit, andere große Merkmal des Romans hinweisen, den wir in Zukunft nur noch den sogenannten Trivialroman nennen werden: daß er der Roman einer klassenlosen Gesellschaft ist. Bei einigen Forschern, besonders instruktiv bei Arnold Hauser*, können wir uns über die soziologischen Bedingungen seiner Entstehung unterrichten, über die Fortsetzungsromane Balzacs, Sues und Dumas' im *Journal des Débats*, der *Presse*, dem *Siècle* und dem *Constitutionel*, über die monatlich oder wöchentlich erscheinenden Hefte mit den Romanen Dickens'. Aus der Popularität dieser *media*, aus ihrer immensen Verbreitung läßt sich keine feste Klassenstruktur des Romans ableiten, die ihren Erfolg ausmachte, sondern gerade ihr Gegenteil. Alle Schichten der Bevölkerung lasen diese Blätter; die Romane übten nicht eine trennende, sondern eine vereini-

* Arnold Hauser, *Sozialgeschichte der Kunst und Literatur*, Bd. II, München 1953

gende Wirkung aus. Keinesfalls handelte es sich bei ihnen um eine Bewußtseins-Industrie für die unteren Stände, selbst wenn einige ihrer Autoren dies beabsichtigten. Hauser weist nach, daß die sozialistischen Überzeugungen Sues seinem Publikum vollständig gleichgültig waren; es las seine Bücher, weil sie spannend waren. Die heutigen Sues sind in politischer Hinsicht völlig desillusioniert; der hochbewußte Raymond Chandler schreibt 1945: »Philip Marlowe ist es völlig schnuppe, wer Präsident ist; und mir auch, weil ich weiß, daß es ein Politiker sein wird. Da tauchte sogar ein Vogel auf, der mich informierte, ich könne einen guten proletarischen Roman schreiben. In meiner begrenzten Welt gibt es so ein Tier nicht, und wenn es das gäbe, bin ich der letzte in der Welt, dem es gefiele, da ich aus Tradition und langer Übung ein vollkommener Snob bin. Philip Marlowe und ich verabscheuen die oberen Klassen nicht, weil sie täglich baden und Geld haben; wir verabscheuen sie, weil sie verlogen sind.« Dieser Zynismus ist es, der es zustande bringt, daß der *thriller* nicht von einer bestimmten Klasse, sondern von allen gelesen wird. Ein überzeugter Marxist wird daraus den reaktionären Charakter solcher Bücher ableiten. Um ihn zu widerlegen, muß man ihn ermuntern, wieder einmal in der *Chartreuse de Parma* nachzulesen, mit welchem Heißhunger der aus Metternichs Machtbereich geflüchtete Fabricio del Dongo jede Nummer des *Constitutionel* verschlingt.

Heinrich Straumann hat einmal darauf hingewiesen, daß der *Robinson Crusoe* »mit seiner ungeheuren Leserschaft weder bei seinem Erscheinen noch bis anderthalb Jahrhunderte später als Literatur betrachtet wurde«.* Vermutlich lagern in den Archiven der Literaturgeschichte noch mehr solcher *horror-stories*. Ihre Existenz führt zu zwei Schlüssen: erstens betrachten wir Leute, die genau wissen, was Literatur ist, mit Mißtrauen, und zweitens lesen wir sogenannte Trivialromane nicht mehr mit jenem schlechten Gewissen, das uns Leute aufreden wollen, die behaupten, genau zu wissen, was Literatur sei.

* Heinrich Straumann, *Zum Problem der Interpretation und Wertung zeitgenössischer Romanliteratur*, Neue Zürcher Zeitung v. 23.4. und 30.4.1961 – eine zu unserem Thema unentbehrliche Untersuchung!

Anzeige einer Rückkehr des Geistes als Person

Wer ist Jean Améry?

Jean Améry, 1912 geboren, in Brüssel lebender, deutsch schreibender Jude aus Österreich, geriet 1964, als 52jähriger also, unversehens in eine Art Autobiographie. Bis dahin war er gewesen, was er heute noch ist: ein wegen seiner Klarheit und graziösen Genauigkeit gesuchter Publizist, hervorragender Kenner der französischen Geistesszene, fragender Erläuterer von *situations*. Doch im Jahre 1964 widerfuhr es ihm im Anblick des großen Auschwitz-Prozesses, eine Situation zu untersuchen, die ihn selbst konstituiert hatte: diejenige des Intellektuellen im Konzentrationslager. »Als diese Arbeit verfaßt war, spürte ich, daß es unmöglich damit sein Bewenden haben dürfe. Auschwitz. Doch wie war ich dahin gelangt? Was war vorher geschehen, was sollte nachher kommen, wie stehe ich heute da?« Aus dieser unwillkürlichen Anstrengung sind drei Bücher von jeweils knapp 150 Seiten hervorgegangen, *Jenseits von Schuld und Sühne* (1966), *Über das Altern – Revolte und Resignation* (1968) und, als Abschluß, *Unmeisterliche Wanderjahre* (1971). Zusammen ergäben sie, so meint Améry, vielleicht so etwas wie einen essayistisch-autobiographischen Roman.

Denk-Zettel, gelebt

Sie ergeben eine Autobiographie. Diese literarische Form, die ihren deutschen Geschichtsschreiber noch nicht gefunden hat* (während englische Gelehrte wie Roy Pascal die deutsche Autobiographie zu ihrem speziellen Forschungsgebiet gemacht haben), wird im allgemeinen zur erzählenden Prosa addiert. *Dichtung und Wahrheit*, *Anton Reiser*, *Der arme Mann im*

* Inzwischen hat François Bondy mich belehrt, daß ich mich irre. Es gibt Georg Misch's *Geschichte der Autobiographie*, ein Werk von über 3000 Seiten!

Tockenburg, *Geheimnis und Gewalt*, *Die Wörter* sind Romane! Was sie, möglicherweise, *auch* sind. Sie erzählen ja Lebens-Geschichten. Ein Schriftsteller vom Range Amérys erwägt das Wort *Roman* nicht grundlos als Kennzeichnung seines Textes. Auch Améry erzählt ja eine Geschichte, die seine. Allerdings kommt in seinem Text gerade das, was die erwähnten Beispiele der Autobiographie zu Halb-Romanen macht, das Erzählen des Persönlich-Privaten nämlich, fast gar nicht vor. Kein Sesenheim, weder ein Goethe'sches noch wenigstens ein Sartre'-sches. (*Das Elsaß bei Goethe und Sartre* - Vorschlag für eine komparatistische Doktorarbeit, etwa bei Robert Minder.) Améry nennt sein Vorarlberg nicht einmal beim Namen. Das hat zwei Gründe. Erstens geht Améry entschlossen auf die Darstellung seiner Lebensgeschichte als Geistesgeschichte aus; da er sich als Intellektuellen definiert, wobei er diese Berufsbezeichnung auf das schärfste nach ihren Funktionen abfragt und sie schließlich neu bestätigt – interessiert ihn sein Leben ausschließlich als Abfolge der verschiedenen Einstellungen seines Geistes zu den Situationen, in die ihn die Geschichte wirft. Zweitens aber ist das zentrale persönliche Erlebnis des Jean Améry – das er uns nicht verbirgt – von solcher Art, daß es alle anderen persönlichen Erlebnisse des Helden (den wir hier, ein einziges Mal in diesem Hinweis, und ohne alle Ironie als solchen bezeichnen) zu absoluter Nichtigkeit verurteilt. Das Fort Breendonk-Erlebnis ist die Achse dieser spirituellen Autobiographie. – Stärker noch als für das Tagebuch gilt für die literarische Spezies Autobiographie Aufrichtigkeit als oberstes Kriterium. An ihr läßt Améry es nicht fehlen. Mit angehaltenem Atem verfolgt der Leser das fortwährende Bemühen dieses Autors, sich bei Lügen zu ertappen.

Lesezeichen

Wer die Lektüre mit *Unmeisterliche Wanderjahre* beginnt, dem Buch, in dem Améry sein bis heute gelebtes Leben vollständig rekapituliert, wird zwischen den Kapiteln *Debakel* und *Existenzsorgen* auf eine zeitliche Lücke stoßen. Den faktischen

Hintergrund des *Debakel*-Kapitels bildet die Emigration nach Belgien, die Flucht nach Vichy-Frankreich, das Lager Gurs am Fuß der Pyrenäen, die Rückflucht ins besetzte Belgien, während das folgende Kapitel *Existenzsorgen* gleich zum Frankreich des Nachkriegs springt. Was geschah dazwischen? Wie hat Améry die eigentlichen Kriegsjahre, von 1941–1945, verbracht? Die Antwort darauf gibt das Buch *Jenseits von Schuld und Sühne*. Es sollte entweder vor *Unmeisterliche Wanderjahre* gelesen werden oder, noch besser, zwischen den beiden genannten Kapiteln. Aus ihm erfährt man, daß Améry im Juli 1943 von der Gestapo wegen seiner Beteiligung am belgischen Widerstand verhaftet wurde und das Kriegsende, nach langem Aufenthalt in Auschwitz, in Bergen-Belsen erlebte. Alles, was Améry zu erklären versucht, kann nur verstanden werden, wenn man wenigstens die ersten beiden Kapitel von *Jenseits von Schuld und Sühne* gelesen hat. Hingegen kann man sich die Schrift *Über das Altern* für ›nachher‹ aufsparen. Dispensieren kann man sich von ihr nicht, denn während die beiden anderen Bücher Vergangenheit aufarbeiten, stellt *Über das Altern* einen höchst originellen und für dieses Werk notwendigen Entwurf in die Zukunft dar, ein Stück negativer Futurologie für Intellektuelle sozusagen. Améry muß es in umdüsterter Stimmung geschrieben haben. In *Unmeisterliche Wanderjahre* weist er voller Bewunderung darauf hin, daß Voltaire einen Protest gegen das Erdbeben von Lissabon geschrieben hat. Auch Améry neigt dazu, gegen das Unabänderliche zu revoltieren. Sein Buch *Über das Altern* ist sein Protest gegen das Erdbeben von Lissabon.

Fort Breendonk

In dieser Festung, ›halbwegs zwischen Brüssel und Antwerpen‹, wurde Améry am 23. Juli 1943 und den folgenden Tagen von Gestapo-Beamten gefoltert. Die Bedeutung dieses Vorgangs liegt nicht darin, daß Améry ihn erlebt, sondern daß er ihn beschrieben hat. Überlebt haben die Tortur und ihre Steigerung in den Genozid bekanntlich nur ein paar Tausende von

Millionen. Von diesen Tausenden haben einige wenige über ihre Erfahrungen berichtet. In ihren Berichten wird die Beschreibung der konkret auf die Person bezogenen Tortur fast immer ausgespart; der Schreiber benennt sie zwar, spricht zwar von der Folter, quasi abstrakt, als spräche er von einer Gattung des Terrors, schildert auch Folterungsmethoden, hält aber dann inne, als bestehe zwischen ihm und dem Leser eine geheime Abmachung, die es ihm verbietet, dem Zuschauer das Schauspiel der letzten und vollständigen Erniedrigung zuzumuten. Tatsächlich besteht eine solche Vereinbarung, in der ein Tabu geachtet wird, aus vielen Gründen, darunter ganz leicht einzusehenden; beispielsweise sagt man sich, daß einem, dem das Wort *Folter* als Benennung einer Sache nicht genügt, ohnehin nicht mehr zu helfen ist. Améry muß dieses Tabu brechen. Er muß das Erlebnis genau berichten – wozu ihm übrigens 33 Druckzeilen genügen –, weil er sein Leben an ihm mißt. Sein Leben – das Leben eines Intellektuellen, eines Menschen, dessen Seinsweise ein geistiger Prozeß ist. Da er der absoluten personalen Entwürdigung ausgesetzt war – ein Geschehnis, das alles, was privates, persönliches Leben sein könnte, ausgelöscht, mindestens gänzlich in den Hintergrund gedrängt hat –, wird die Frage, was angesichts einer solchen Szene noch besteht, lebt, ›trägt‹, zum einzigen Thema des Überlebenden. Die Szene wird übrigens mit ihrer Reflexion vollständig verzahnt – bereits zwei Seiten weiter kann Améry, scheinbar gelassen, Batailles Sadismus-These erörtern. Das gestellte Thema – der Intellektuelle im Konzentrationslager – wird von Améry an jedem Punkt seines Werks auch formal erreicht.

Adnote des Rezensenten I

Gewisse Konventikel, die es sich angewöhnt haben, von KZ-Literatur zu sprechen, werden spätestens an diesem Punkt meines Hinweises annehmen, ich spräche von KZ-Literatur. Ihr antihumaner Instinkt trügt sie nicht: ich spreche von KZ-Literatur.

Moritz Schlick bis Michel Foucault

Nunmehr ist der Inhalt des Lebensberichts *Unmeisterliche Wanderjahre* schlicht zu referieren. In sechs Kapiteln erscheinen die Phasen von Amérys geistiger Existenz. Die Jugend in der österreichischen Provinz (und die literarische Provinz als erlebte Macht), Studium in Wien, bei Moritz Schlick, bis zu dessen Ermordung, logischer Positivismus, bis zu dessen Flucht auf amerikanische Lehrstühle (ein einzigartiges Dokument: der *Wiener Kreis*, beobachtet von einem Studenten in der Epoche des Prä-Faschismus), Emigration nach Belgien, Flucht nach Frankreich (»die Entdeckung Frankreichs knapp vor Frankreichs Untergang«), das Frankreich des Nachkriegs (ein Kapitel, das von Sartre handelt und von niemand sonst), die stets zurückgenommene Rückkehr: Besuche in Deutschland (das Phänomen der Diskontinuität, dem die Figur des *Besuchers* metaphorisch entspricht – eine so trostlose wie genaue Analyse der deutschen Situation), die angenommene Herausforderung durch eine Philosophie der Strukturen (das Weiter-Denken des sich alt fühlenden Autors – und hier sollte man dann zu seiner Schrift *Über das Altern* greifen). Das alles wird gewogen. Aber Améry begnügt sich nicht damit, das spezifische Gewicht einiger Gegenstände objektiv festzustellen, sondern er wiegt vor allem sich selbst. »Er ließ Döblins *Alexanderplatz* halbgelesen liegen und machte sich... an die Romane von Hermann Stehr.« Sätze wie dieser ziehen sich hartnäckig durch das Buch. Améry macht nicht nur die geistige Bewegung, die er beschreibt, für ihr Versagen verantwortlich, sondern vor allem sich selbst: er hat sie angenommen. Eine weniger pharisäische Untersuchungsmethode ist nicht denkbar. Die Autobiographie Amérys ist vor allem auch Autokritik. Erst, wenn er alle, aber auch alle Gründe, die gegen ihn, Améry, sprechen, erschöpft hat, entschließt er sich, den Gegen-Stand selbst als zu leicht zu befinden. »Seine Hand, die nicht einmal einer Leier zarte Saiten gespannt hatte, war gerade noch stark genug, die Schriften der Logiker vom Tisch zu fegen.« Dies, nachdem er Wittgensteins *Tractatus* als Wahnspiel erkannt und bezeichnet hat, angesichts der Besetzung Österreichs. Eine harte Stelle. Es gibt viele harte Stellen in diesem sensiblen Buch. Daß man sich selbst in Frage stellen muß, enthebt niemanden der Notwendigkeit, sich schließlich entscheiden zu müssen. Améry geriert sich nicht als Hamlet. Seine Gegenspieler sind nicht Personen, sondern Ideen. Die Ideen werden aber in seinem Schreiben zu Personen; er behandelt sie mit jenem Ernst, mit dem im Roman die Person behandelt wird. Deshalb die Betroffenheit, die Momente der Trauer, wenn der Autor bemerkt, daß eine Idee ausgespielt hat, im Versagen umschlägt in Machtbewußtsein, in Ideologie. Die Autobiographie als Ideen-Roman – darin verrät sich am stärksten die französische Schule. *Unmeisterliche Wanderjahre* hat wenig mit Goethe zu tun, sehr viel mit Sartre. Das Buch steht unmittelbar neben Sartres *Die Wörter*, und es steht dort ganz selbstverständlich, obwohl sein Verfasser mit Sartres Rang sich durchaus nicht vergleichen will. Heftiger noch als Sartre spart Améry das sogenannte Persönliche aus. Für ihn gibt es kein Elsaß, keine Rue le Goff, kein Kinder-Paris – alles das, was die Lektüre von *Die Wörter* so entzückend macht. Daß Sartre sich dergleichen noch leisten kann, Améry aber nicht, hat seinen Grund: Sartre ist nie gefoltert worden.

Ich, Du, Er

Vom ersten zum dritten Buch entfaltet sich Amérys Schreibweise. Während *Jenseits von Schuld und Sühne* noch eine Sammlung von Aufsätzen ist, deren unscheinbare Form den apokalyptischen Inhalt allerdings nicht verbergen kann, bemächtigt sich der Autor bereits in *Über das Altern* jener für ihn charakteristischen Methode zu sprechen, in der eine beschriebene dritte Person mit einer reflektierenden ersten sich abwechselt. In *Unmeisterliche Wanderjahre* tritt auch noch eine zweite, angeredete, hinzu. Er, Ich, Du. Natürlich handelt es sich dabei immer um Facetten des Ich. Für den Leser ist es spannend, zu untersuchen, nach welchen Regeln solche Konjugationsspiele gespielt werden. Er wird feststellen, daß Améry am liebsten dann von *ihm* spricht, wenn er sich verwundert über sich selbst beugt wie über ein fremdes Wesen, daß er *ich* sagt, wenn er zu gewissen Konklusionen kommt, zu Gewißheiten, oder auch einfach nur zu Erfahrungen, deren Realität nicht angezweifelt werden kann. Das *Du* ist nicht brüderlich gemeint, eher ironisch, wird den Momenten der Gewissens-Einreden, der Selbstvorwürfe vorbehalten. Dreitaktschritt (an den, für die Geschichte, Améry nicht glaubt). Soll man hier – versuchsweise – das ins Unbrauchbare geratene Wort *dialektisch* noch einmal hervorholen? Er – These, Du – Antithese, Ich – Synthese? Wetterleuchtet nicht noch in der Konzeption der Schriften das abziehende dialektische Gewitter? Die erste stellt die These auf, die zweite negiert sie, die dritte hebt den Streit auf. Das tut sie aber gar nicht. Vielmehr geht Améry der Echternacher Springprozession der Dialektiker, der Geschichtsgläubigen (zwei Schritte vor, ein Schritt zurück, wieder zwei Schritte vor – es lebe der Fortschritt, beziehungsweise der Sinn der Geschichte!) still aus dem Weg. Wohin? Er weiß es nicht. Er weiß es wirklich nicht. Er hat keine Lösung anzubieten, keine einzige. Unerbittlich, sanft, einfallsreich, sensibel redet er gegen sich selbst, und nicht zu dem Zweck, am Ende um so leuchtender dazustehen. Was da leuchtet, ist nur die Sprache, dieses verhaltene Gespräch mit sich selber, in das die Zitate als Erinnerungen eingeschmolzen sind, als ›lebewohl, farewell und nevermore, aller Sprachen Schmerz- und Schattenlaut‹ (Benn). Man kann das Verfahren auch Montage nennen. Doch wird hier eher abmontiert. Nicht im Zusammenfügen, sondern im Aufbrechen des Ich wird dem Inhalt die Form gewonnen. Décollage als Komposition.

»Erlaubt ist alles, außer was langweilt« *(Voltaire)*

Was konstituiert den großen Essay? Zuallererst die nicht abreißenden, mutigen, punktuellen Klugheiten, die unablässig blitzenden Einfälle, die niemals Langeweile aufkommen lassen. Brillanz, ein in Deutschland noch immer verdächtigter Begriff; aber das Klischee, der deutsche Aufsatz sei von Natur ledern, ist abgebraucht. Benn, Muschg, Adorno, Franzen, Guggenheimer – um nur die Jüngstverstorbenen zu nennen – waren brillant. Die Brillanz Amérys wirkt niemals angestrengt; zwar ist sie das Ergebnis von Arbeit, aber so, wie sie da steht, ist ihr von Mühe nichts anzumerken. Zwei außerordentliche Seiten über die Widerspiegelung des Monopolkapitalismus in den intellektuellen Monopolen, und danach gleich ein Exkurs über die Schlafstroh-Jugend des Dr. Faustus. Und so durch's ganze Buch! Langweilig ist das weiß Gott nicht. Es wäre anstrengend, wenn es nicht so inspiriert wäre. Es ist, im allerhöchsten Sinne, amüsant. Was manchen perhorreszieren mag, angesichts des behandelten Stoffes. Dennoch: dieser Améry schreibt also amüsant.

Ein Niesen aus den Tiefen der Struktur

Bei der Sensibilität Amérys handelt es sich um eine nervöse Empfindlichkeit, um Idiosynkrasie, um Allergien, oder um ihr Gegenteil, Einwirkungen auf den *sympathicus*, jenen Nerv, der zusammen mit dem *vagus* alle Eingeweide und Blutgefäße versorgt. Also ist Améry nicht objektiv? Darüber wird sogleich zu sprechen sein. Zuvor wird gefragt, ob das nervöse Wittern der Allergene, die Empfindlichkeit gegen Gräserpollen, Schimmelpilze, Tierhaare in einer Idee, nicht eine legitime Form der Erkenntnis sei. Sie ist es; jener reine Geist, der sogar auf den Gebrauch seines Nervensystems verzichtet hat, von anderen Mitteln des Instinkts gar nicht zu reden, taugt möglicherweise zu nichts. Wie bei den meisten Leuten, die an Heuschnupfen leiden, nimmt die Krankheit bei Améry mit den Jahren nicht ab, sondern zu. Sie war noch latent, als der junge Student an die ›scheinbaren Scheinfragen‹, lies: den logischen Positivismus geriet, an »das jegliche Praxis verachtende Denken«, an die »Faszination eines reinen Denkens, das in seinem Selbstverzicht, den der *Tractatus* forderte, ein unreines, weil unmoralisches Denken wurde«, dem der fünfundzwanzigjährige Améry aber »als einem Opiat sich süchtig unterwarf«. Nachträgliche Feststellungen. Aber dreißig Jahre später ist – und wegen solcher Erfahrungen – die Empfindlichkeit so hoch entwickelt, daß sie die inhumanen Tendenzen in einer geistigen Strömung zu wittern weiß, kaum daß diese aufgetreten ist. »Ich sage, daß es schlecht leben ist in den Panzern der Strukturen.« So hebt eine nur sieben Seiten umfassende Auseinandersetzung mit dem Strukturalismus an, die wenig ihresgleichen hat in der Geschichte der niedergeschriebenen Begegnungen von Menschen mit Ideen. (Noch einmal muß hier vom *Ernstnehmen* Amérys gesprochen werden; das Wort meint auch, daß dieser Autor präzis kennt, wovon er redet.) Wer sich für die Beweisführung Amérys interessiert, sollte sich der kleinen Mühe unterziehen, wenigstens Michel Foucaults *Absage an Sartre* und Sartres Antwort an Foucault zu lesen* – er wird bei der Lektüre erkennen, daß es hier, im alten Sartre-Sinne, zu *wählen* gilt. Die Wahl Amérys ist klar, denn in Strukturalismus und *nouveau roman* erschien ihm »weit über den Zwang des gesellschaftlich Gegebenen hinaus vorm Horizont ein Überbau der Entindividualisierung und Deshumanisation, der manche Züge generellen Gestörtseins und kollektiv suizidärer Narrenlust trug«. Doch stärker als alle Beweise, die er auf diesen sieben Seiten, die eigenen Argumente immer wieder in Frage stellend, vorbringt, ist, wenn er, auf seine Nerven rekurrierend, darstellt, wie er sich bei Foucault, Lacan und Levi-Strauss, bei Robbe-Grillet und der Sarraute schließlich langweilt. »Ich las lustlos.« »Ich langweilte mich.« »Aller polemische Elan erlahmte.« Wie denn auch wäre zu antworten auf voluminöse Texte, die, wenn man sie aufschneidet, Sätze und Satzpartikel darbieten, die uns schlicht mitteilen, daß die Idee vom Menschen in der For-

* Beide Texte sind enthalten in: Günther Schiwy, *Der französische Strukturalismus*, Reinbek 1969. Schiwy bezieht sich bei seiner Darstellung des Zusammenhangs zwischen Strukturalismus und linker Frustration auf eine Arbeit von Améry (Jean Améry, *Französische Sozialphilosophie im Zeichen der ›linken Frustration‹*, Merkur, Februar 1966.) – Die deutsche wissenschaftliche Kritik interpretiert den Strukturalismus durchaus im Sinne Amérys, so Urs Jaeggi (*Ordnung und Chaos, Strukturalismus als Methode und Mode*, Frankfurt/M. 1968) und Wolfgang Haedecke (*Strukturalismus – Ideologie des Status quo?* Neue Rundschau, 82/1, 1971).

schung und im Denken überflüssig zu machen sei (Foucault), daß wir uns der Illusion von der Autonomie des Subjekts entledigen müssen (Lacan) und schließlich, daß das Ich nicht nur hassenswert sei, sondern nicht einmal Platz zwischen einem Uns und einem Nichts habe (Levi-Strauss). Wie anders kann man auf derlei reagieren als mit einem Achselzucken? Dem Häftling 172364 des Lagers Auschwitz braucht man über den Menschen als Bestandteil einer Struktur nichts mehr zu erzählen. Der hatte ›Hier‹ zu brüllen, wenn seine Nummer aufgerufen wurde. Heute statt der gebrüllten Meldung also dieses Achselzucken, von Améry allerdings zur höchsten Kunst entwickelt.

Die Menschenrechte des Subjekts

Améry ist nicht objektiv. Er ist subjektiv. Seine Methode ist die der radikalen Subjektivität, wobei zuallererst gesagt werden muß, daß radikale Subjektivität das Gegenteil von subjektivem Radikalismus ist. Subjektiver Radikalismus ist eine Ideologie wie andere, die, auf eine historische Situation angewendet, richtig sein kann oder falsch. Radikale Subjektivität hingegen ist eine – und vielleicht die einzige – Methode des Menschen, die Wahrheit über sich selbst herauszufinden. Sie mißt alle Erkenntnisse an den persönlichen Erfahrungen, und wie dies bei Améry geschieht, mit welcher Dringlichkeit, mit welchem Nachweis der objektiven Bedeutung gerade seiner Erfahrung, braucht nicht noch einmal ausgeführt zu werden. Natürlich steht diese Methode heute quer zu dem Geschiebe der objektivierenden Systeme, sowohl der Restbestände der Idealismen und der dogmatischen Religionen wie des Marxismus, der Psychoanalyse, des Strukturalismus und anderer. Das a-priori aller dieser Systeme ist der Begriff einer existierenden, allgemeingültigen und umfassenden Wahrheit, die nur gefunden zu werden braucht. Der einzige, oder jedenfalls der wirksamste Versuch, den Prozeß solcher Objektivationen zu blockieren, wurde von Sartre gemacht. »Die einen wie die anderen werfen uns vor, uns an der menschlichen Solidarität verfehlt zu haben, die Vereinzelung des Menschen in den Blickpunkt zu stellen – zum großen Teil übrigens, weil wir, wie die Kommunisten sagen, von der reinen Subjektivität ausgehen, das heißt von dem cartesianischen ›Ich denke‹ – und das bedeutet nochmals: von dem Moment, wo der Mensch *in seiner Einsamkeit* zu sich kommt.« »Das ist der erste Grundsatz des Existentialismus. Das ist es auch, was man die Subjektivität nennt und was man uns unter eben diesem Namen zum Vorwurf macht. Aber was wollen wir denn damit anderes sagen, als daß der Mensch eine größere Würde hat als der Stein oder der Tisch?« »Der Mensch ist zuerst ein Entwurf, der sich subjektiv lebt, anstatt nur ein Schaum zu sein oder eine Fäulnis oder ein Blumenkohl; nichts existiert von diesem Entwurf; nichts ist im wahrnehmbaren Himmel, und der Mensch wird zuerst sein, was er zu sein geplant hat; nicht was er sein will *.« Auf diesen Sartre, den, wie man heute sagen kann, *frühen* Sartre, stieß Améry in den Jahren nach Gurs, Fort Breendonk, Auschwitz und Bergen-Belsen, und Sartre ist für ihn das einzige geistige Ereignis gewesen, das er nicht als zu leicht befunden hat. »Ich war zugleich der beste und der schlechteste Schüler, den dieser Lehrer je gehabt haben mochte. Kaum ein Gedanke wollte sich mir als haltbar erweisen, wenn ich ihn abzog von der Person; eine jede Idee aber, von dem Individuum Sartre vorgestellt, war des Nach- und Mitdenkens mir wert.« Noch subjektiver geht's nicht! Aber eben dieses Verfahren, nicht aus Sartre deduziert, sondern von Sartre nur bestätigt, von Améry aber das ganze Leben hindurch, schon von Vorarlberg an, und in den hier besprochenen Schriften vom ersten bis zum letzten Satz durchgehalten, ermöglicht es ihm, sich vor unseren Augen selbst zu rechtfertigen, und zwar so überzeugend, daß wir ihm nicht nur die Wahrheit seiner Existenz ›abnehmen‹, sondern daß in seiner Wahrheit auch unsere je eigene sich erkannt fühlt. Glatt durchschlägt das Geschoß den Panzer der Systeme. Améry, der sich kaum im Bilde eines Panzerschützen wird erkennen wollen, hat dennoch etwas von David mit der Schleuder. Jedenfalls, ob er es will oder

* Jean-Paul Sartre, *Ist der Existentialismus ein Humanismus?* (Zitiert nach der ersten deutschen Ausgabe, Zürich 1947.)

nicht und obwohl er sich jeweils nach vollbrachter Tat höflich in die Selbstnegation zurückzieht: man sieht die Goliaths um ihn stürzen. Es bereitet Vergnügen, ihm bei diesen Spielen zuzusehen. Aber wenn die Spiele und das Vergnügen, diese scheinbar so schwerelosen und stilistisch so unpathetischen Erledigungen vorbei sind, weiß man auf einmal, daß hier nicht ein Schütze Pappkameraden umgelegt, sondern ein Mensch sich in einer Welt von Ungeheuern behauptet hat. Mit Hilfe von radikaler Subjektivität. Mit Hilfe radikalen Messens von Theorie an Praxis. Mit Hilfe radikalen Aufstands einer einzigen und winzigen Individualität gegen eine monströse Begriffswelt. Nervöse Sensibilität war nur eine Vorform, eine Technik radikaler Subjektivität, vielleicht die Atmosphäre, welche solche Substanz notwendig umgibt. Da Améry sich den Monstren jeweils mit Respekt, ja Verehrung genähert hat, ist seine Ent-Täuschung vollkommen. Man wird einwenden, er hätte sich den polito-philosophischen Systemen von vornherein mit dem Entschluß zur Kritik zuwenden, sie relativierter betrachten sollen. Aber für Leute wie Améry bildet der Geist keine Musterkollektion. Er ist für sie kein Anlaß zur Auswahl, sondern zur Wahl. Absurderweise fordern sie von ihm, daß er sich gegenüber Ochsenziemern behaupte.

Jenseits der Hegelei

»Am Ende verblieb nur noch die winzige existentialistische Enklave, fremdartig genug sich ausnehmend im mächtigen marxistischen Lehrgebäude.« Améry ist mit Sartre nicht fertig – er wird es nie werden –, aber er weiß, daß »die in *L'Etre et le Néant* statuierte existentielle Freiheit in der marxistischen *Critique de la Raison Dialectique* nicht aufbewahrt wurde.« Nach der Sartre-Epoche die Besuche in Deutschland. In diesen *Expeditionen jenseits des Rheins* finden sich zwei Seiten, auf denen das Wahnspiel der in Deutschland nicht endenwollenden Hegelei beim Namen genannt wird. Manchen wird der Angriff Amérys gegen Adorno unerhört erscheinen. »Er und andere, neben ihm, nach ihm, auch über ihm, brachten die frohe und dringend benötigte Botschaft hegelianisch-marxistischer Geschichtlichkeit. Es konnte keine gelehrigeren und keine begabteren Schüler geben als die Deutschen. Die Flucht in eine abstrakte Historizität rettete sie vor ihrer konkreten, eben erst katastrophal in ihrer eigenen äußersten Verdichtung zur Hölle gefahrenen Geschichte. Dialektische Geistesschärfe höchster Ordnung brachte das Irreduktible, das sich in diesem Lande ereignet hatte, unter in einer keimfreien Denkstruktur. Darin nahm das Unbegreifliche sich aus wie irgendwas. ›Dialektik der Aufklärung‹ –: schon in den lumières waren alle Schrecken als noch unsichtbare Schatten enthalten. Der Faschismus – denn ihn hatte es offenbar nur gegeben und nicht originale, unverwechselbare Tatbestände des SS-Staates – war Sache kritischer Reflexion. Der Tod war kein Meister aus Deutschland. Er war faschistisch oder faschistoid.« »Die aus dem Exil wiedergekommenen Lehrer standen im Verhältnis der Komplizität – nein: nicht zu den heranwachsenden Deutschen, die noch in ihren Fluchtaufbrüchen fähig gewesen wären, die Last der Geschichte mitzutragen, und nur verlangten, daß man ihnen dabei helfe –, sondern zur Bewegung irreversiblen Zeitablaufs selber. Damit verschafften sie den heraufrückenden Generationen Intellektueller nebst dem schneidenden Vokabular auch das fleckenreine *linke* Gewissen; links schlug dann nicht mehr das Herz, dessen metaphorische Existenz ohnehin in den Kitschbereich strenge verwiesen ward; links stand jene spekulative und hochfliegende Vernunft, die sich an Hegelstudien ebenso bewähren konnte wie an technischer Erfindlichkeit.« Und so weiter. Wer nur neue Denkmäler an die Stelle der alten setzen will, lese nicht weiter. Kontrapunktisch nimmt Améry in dieser polemischen Analyse auf, was er schon gegen den logischen Positivismus wie gegen den Strukturalismus vorgebracht hat; die Verwandlung des Denkens in leere Begrifflichkeit. »Mensch und Ding waren nicht die Realitäten, aus denen die Begriffe gezogen wurden wie aus Abziehbildern, vielmehr war, umgekehrt, der *Begriff* Mensch oder Sache.« Für Deutschland ist ihm Hegel die Quelle der tödlichen Abstraktion, jenes abstoßenden Denkens, welches das Leben auf immer neue Flaschen der Begriffe zieht, und die

Bindung der Linken an Hegel, neu vollzogen über die Kritische Theorie, die deutsche Form eines allgemeineren Syndroms: der europäischen Linken Krankheit zum Tode. Ein Begriffsdenken, welches es erlaubt, Auschwitz ›einzuordnen‹, ist ja auch nichts anderes als ein einziger geistiger Krankheitsherd. Möglich, daß sich bei Herbert Marcuse oder bei einigen Projektionen des Anarchismus die Gegenbewegung innerhalb der Linken vorbereitet – Améry erwägt dergleichen nicht mehr, gibt der ›großen Verweigerung‹ offensichtlich keine Chance, resigniert ganz einfach. Ganz einfach? Die Resignationen des Jean Améry sind die größten ›Stellen‹ seines Werks. »Deutschland gibt es nicht, flüsterte ich, entgegen den Tatsachen allgemeiner Erfahrung. Man kann sagen, was man nicht denken kann, die Wörter lassen zu allem sich fügen. Ich hielt ein und dachte die einzige, zwar nicht erhärtbare, aber als Evidenz von mir erspürte Wahrheit: *Mich* gibt es nicht. – Welche Erleichterung – quel soulagement!« In scheinbar so absurden Selbstnegationen wie dieser wird dem Ich ein Raum erkämpft, aus dem es nicht vertrieben werden kann. Achtundzwanzig Jahre nach Fort Breendonk bezieht das autonome Subjekt wieder seinen Platz im Untergrund. Flugblätter. Vielleicht sind die drei Schriften des Mannes aus Belgien nichts weiter als Flugblätter.

Jenseits des Anti-Romans

Was er behält von seinen Funden, ist ein Teil des Denkens von Sartre. Und außerdem der Roman. Der große europäische Roman. Hier ist – o beispielloses Wunder! – ein Leser, der lieber Thomas Mann als Bertolt Brecht liest, der sich nicht scheut, zu erklären, daß er mit Madame Bovary lebt, mit Hans Castorp, mit Leopold Bloom, mit Roths Hiob, mit den Qualen Prousts. Nach allem, was gesagt wurde, ist es klar, daß für diesen obstinaten Subjektivisten die Erzählung gelebten Lebens den obersten Rang einnimmt. Seine Methode sieht sich bestätigt im rücksichtslosen Subjektivismus aller großen Literatur. Daher die Entwicklung seines eigenen Werks zur autobiographischen Erzählung, die, weil sie erzählt, immun ist gegen Ideologie. Zeitgeist und Zeitgeister werden Personen, und so wird nicht nur der Roman, sondern die existentielle Bedeutung des Erzählens behauptet gegen strukturale Analyse, gegen das Postulat eines abstrakt gesellschaftlichen Seins, »vor dem jeder Versuch des Ein- und Mitfühlens sich ausnimmt als retrogrades Mißverständnis der Literatur«. (›Wer erzählt, zählt nicht.‹ Wer hat das gesagt? Na, ist ja egal.) Améry hält sich übrigens bei diesem Thema nicht allzulang auf. Dafür genügt ihm denn doch zuletzt eisige Verachtung. »Ein wohlgebildeter, auf der Höhe der Zeit sich tummelnder Herr, braungebrannt von der Sonne der Provence, erklärte mir in Köln, daß und warum der *Radetzkymarsch* Kitsch sei. Es fiel mir nichts ein dazu, und ich nahm die Behauptung höflich zur Kenntnis.«

Gegen Vorleistungen

Widersprochen sei ihm dort, wo er, in merkwürdigen Volten seiner Argumentation, vor dem je Aktuellen, von dem er sich überholt sieht, kapituliert, weil es das Aktuelle ist. Es ist schon seltsam genug, daß er sein bitteres Buch über das Altern, gegen das Altern, als 56jähriger vorgelegt hat. Das heißt der Zeitstimmung denn doch zu sehr entsprechen. Freilich ist alles bedenkenswert, was Améry über das kulturelle Altern sagt, aber manchmal klingt es doch so als... ja eben, als kapituliere er vor dem Falschen, weil es neu ist. Weil es jünger ist. Obwohl er manche Neuerscheinung höchst souverän behandelt, will er uns zu bedenken geben, daß gegen die neueste Erscheinung kein Kraut gewachsen sei. Von solchen Stimmungen Amérys darf man sich nicht mitnehmen lassen. Gerade er beweist uns ja, erzählend, daß über den Wert eines geistigen Phänomens die Wahrheitsfrage entscheidet, und nur sie. Über den Wert des Existentialismus entscheidet nicht, daß nach ihm der Strukturalismus kam – es kommt immer irgend etwas danach –, sondern ob Sartre recht hat oder Foucault. (Wenn allerdings beide recht haben, wird es schwierig.) Aber über der Erscheinungen Flucht relativiert sich Améry manchmal ins *out*. So gehört er, wie Sartre, besonders wie der Sartre der *Wörter*, zu den Autoren, die man gegen sie selber in Schutz nehmen muß. Das ist verhältnismäßig leicht. Denn allein schon Amérys Intensität, oder sagen wir: seine Stärke als Schriftsteller, dementiert alle seine – ohnehin verfrühten – Verzichte.

Adnote des Rezensenten II

Nicht behandelt in dieser Rezension wird der jüdische Aspekt von Amérys Existenz, obwohl Améry ihn deutlich zur Debatte stellt und ihm in *Jenseits von Schuld und Sühne* ein eigenes Kapitel eingeräumt hat. Ich habe dem Thema des deutsch-jüdischen Intellektuellen einen Roman gewidmet, *Efraim*, und den Umstand, daß Romane in der heute zwischen den Hauptideologien geführten geisteswissenschaftlichen Debatte als nichtexistent betrachtet werden, kann ich nicht berücksichtigen. Ich verweise also, was meine Differenzen und meine Übereinstimmungen mit Améry hinsichtlich des »Zwanges und der Unmöglichkeit, Jude zu sein« betrifft, auf *Efraim*.

Lawinenschnur

Vieles wurde ja nicht ›behandelt‹ in dieser Rezension. Da gibt es, beispielsweise, im Text Amérys diese merkwürdigen und höchst unzeitgemäßen Referenzen auf »Landschaften der Corrèze, simple Gescheitheiten Montaignes«, auf die »bruyères de l'Ardèche«, auf »Honigernten«, Kellner Mager und den »Hain eines gewissen Bundes«. Also doch schließlich ein Elsaß, selbst für Améry? Nein, gewiß nicht. Dieser Schriftsteller ist konstitutionell unfähig, sich etwas vorzumachen. Doch könnte gerade in diesen sehr altertümlich anmutenden Anrufungen das Allerneueste stecken. Vielleicht ein neuer Text Amérys? Das Alte, ohne Regression? Jetzt also die drei schmalen Bände dieser einzigartigen Autobiographie. Ein guter, oft aufregender Publizist – man wird es kaum glauben, daß er dies vollbracht hat: die Erzählung von vier Jahrzehnten gelebten Lebens als zentralen Essay unserer Aktualität. Man kann daran nicht vorbeilesen. Man kann nicht? Selbstverständlich kann man. Es ist nicht nur möglich, es ist sogar wahrscheinlich, daß die Grundlawine ideologischer, ›objektiver‹ Begriffsliteratur – deren Schmelzprozeß historisch ohne weiteres einzusehen ist – ein so unscheinbares Buch wie *Unmeisterliche Wanderjahre* unter sich begräbt. Ein solcher Vorgang wäre jedoch, und nicht etwa bloß sub specie aeternitatis, unerheblich, denn er bezöge sich auf einen Vorgang des Ignorierens, mithin auf Ignoranz, und diese erhält ihren Lohn keineswegs erst in der Ewigkeit.

Quellen-Nachweis

Daten der Erstveröffentlichungen

Thomas Mann als Politiker: Geschrieben als Einleitung zu Thomas Mann, ›Politische Dokumente‹, gedruckt in 2 Exemplaren, S. Fischer Verlag, Frankfurt/Main, 1950; Texte und Zeichen, Berlin, I/1, 1955; italienisch als Vorwort zu Thomas Mann, ›Scritti storici e politici‹, Milano 1957, übersetzt von Adele Cortese Rossi.

Nachricht über Vittorini: Geschrieben als Vorwort zu Elio Vittorini, ›Offenes Tagebuch‹, Olten 1959

Die Blindheit des Kunstwerks: Texte und Zeichen, Berlin II/1 1956

Notizen über Atmosphäre: Jahresring 60/61, Stuttgart 1961

Après: Magnum, Köln, Nr. 16, 1958 (unter dem Titel ›Die Liebe in der modernen Literatur‹)

Das Kino der Autoren: Merkur, München, Nr. 158, 1961

Anamnese, déjà-vu, Erinnerung: Geschrieben als Text für einen Radierungs-Zyklus von Italo Valenti; unveröffentlicht

Auf den Spuren der Finzi-Contini: Merkur, München, Nr. 235, 1967; italienisch in: Ferrara, ›Volume Secondo‹, Edizione Alfa, Bologna 1969, übersetzt von Antonia Sani Baraldi

Auf der Suche nach dem englischen Roman: Times Literary Supplement, London, 12.9.1968; deutsch in: Frankfurter Allgemeine, 21.9.1968

Was alle lesen:

Simenon und das Klassenziel: Weltwoche, Zürich, 29.4.1966

Wie trivial ist der Trivialroman: Times Literary Supplement, London, 8.10.1971; deutsch in: Süddeutsche Zeitung, München, 13.11.1971

Anzeige einer Rückkehr des Geistes als Person: Merkur, München, Nr. 279, 1971

Personenregister

Alfred Andersch im Diogenes Verlag

»... einmal wirklich leben«
Ein Tagebuch in Briefen an Hedwig Andersch 1943 – 1975. Herausgegeben von Winfried Stephan. Leinen

Erinnerte Gestalten
Frühe Erzählungen. Leinen

Gesammelte Erzählungen
Leinen

Die Romane
Vier Bände in Kassette: Sansibar oder der letzte Grund / Die Rote / Efraim / Winterspelt. Leinen

Die Kirschen der Freiheit
Ein Bericht. detebe 20001

Sansibar oder der letzte Grund
Roman. detebe 20055

Hörspiele
Fahrerflucht / Der Tod des James Dean / Russisches Roulette / In der Nacht der Giraffe
detebe 20095

Geister und Leute
Zehn Geschichten. detebe 20158

Die Rote
Roman. Neue Fassung 1972. detebe 20160

Ein Liebhaber des Halbschattens
Drei Erzählungen. detebe 20159

Efraim
Roman. detebe 20285

Mein Verschwinden in Providence
Neun Erzählungen. detebe 20591

Aus einem römischen Winter
Reisebilder. detebe 20592

Die Blindheit des Kunstwerks
Literarische Essays und Aufsätze
detebe 20593

Ein neuer Scheiterhaufen für alte Ketzer
Kritiken und Rezensionen. detebe 20594

Winterspelt
Roman. detebe 20397

Öffentlicher Brief an einen sowjetischen Schriftsteller, das Überholte betreffend
Reportagen und Aufsätze. detebe 20398

Neue Hörspiele
detebe 20595

Einige Zeichnungen
Graphische Thesen. detebe 20399

Der Vater eines Mörders
Erzählung. Mit einem Nachwort für Leser
detebe 20498

Flucht in Etrurien
Drei Erzählungen aus dem Nachlaß
detebe 21037

Hohe Breitengrade oder Nachrichten von der Grenze
Ein Reisebericht mit 48 Farbtafeln nach Aufnahmen von Gisela Andersch
detebe 21165

Wanderungen im Norden
Reisebericht. Mit 32 Farbtafeln nach Aufnahmen von Gisela Andersch
detebe 21164

empört euch der himmel ist blau
Gedichte und Nachdichtungen 1946–1977
detebe 21838

Das Alfred Andersch Lesebuch
Herausgegeben von Gerd Haffmans
Mit Lebensdaten und einer Bibliographie
detebe 20695

Außerdem liegen vor:

Stephan Reinhardt
Alfred Andersch
Eine Biographie. Mit zahlreichen Abbildungen. Leinen

Über Alfred Andersch
Essays, Aufsätze, Rezensionen von Thomas Mann bis Arno Schmidt. Interviews, Chronik, Bibliographie der Werke. Auswahlbibliographie der Sekundärliteratur. Erweiterte Neuauflage 1980. detebe 20819

Stephan Reinhardt
Alfred Andersch
Eine Biographie

Dies ist die erste umfassende Darstellung von Leben und Werk Alfred Anderschs, der als Autor, Herausgeber und Begründer der modernen literarischen Funksendung die deutschsprachige Nachkriegsliteratur wie kein anderer geprägt hat; sie ist weit mehr als eine Biographie: ein genaues Bild der deutschen Zustände, von 1914 bis heute – von der Zerschlagung der Räterepublik 1919, Weimar, 1933, Faschismus und Krieg, von der kurzen Zeit der Euphorie des Neuanfangs über die Restauration und das Wirtschaftswunder bis hin zu Radikalenerlaß und Berufsverbot.

»Alfred Andersch ist ein aktueller Autor, er arbeitet nicht jenseits unserer Gegenwart und ihrer Gesellschaft, sondern er schreibt in ihr, in sie hinein... Eine moderne Intelligenz, in der Erkenntnis und Dichtung sich zu identifizieren gedenken.« *Max Bense*

»Welche Wohltat ist die Stimme des Wissens und der loyalen Intelligenz inmitten des quälenden Geschreis der Dummheit!« *Thomas Mann*

Ludwig Marcuse

Wie alt kann Aktuelles sein?

Literarische Porträts und Kritiken

Herausgegeben, mit einem Nachwort
und einer Auswahlbibliographie
von Dieter Lamping

Wie vieles über (und von) Ludwig Marcuse hat man heutzutage auch vergessen, daß er ein großer Kritiker war. Er hat Hunderte von Rezensionen geschrieben: über philosophische und psychologische Bücher (von Bloch und Jaspers bis zu Wilhelm Reich und Anna Freud), besonders aber über literarische Neuerscheinungen. Marcuse hat als einer der ersten Musils *Mann ohne Eigenschaften* besprochen, mit Brecht über das epische Theater gestritten, gegen George polemisiert; er hat jedes Buch von Joseph Roth besprochen, nach dem Krieg hat er sich unermüdlich für Exil-Autoren wie Heinrich Mann und Alfred Döblin eingesetzt; gleichzeitig beobachtete Marcuse auch immer die neueste Literatur, in den sechziger Jahren rezensierte er Bücher u.a. von Böll, Dürrenmatt und Grass, Henry Miller und Simone de Beauvoir.

»Er war keiner Gruppe, keiner Clique zugehörig, war nie als Claqueur zu mißbrauchen. Dieser intensiv gläubige Ungläubige vollzog immer wieder in seiner Philosophie, in seinen Artikeln und Büchern etwas, was man Kulturrevolution am eigenen Leibe nennen könnte.« *Heinrich Böll*

Honoré de Balzac
Die großen Romane und Erzählungen im Diogenes Verlag

Die tödlichen Wünsche
Roman. Aus dem Französischen von Emil A. Rheinhardt. detebe 20901

Die Frau von dreißig Jahren
Roman. Deutsch von Erich Noether
detebe 20902

Eugenie Grandet
Roman. Deutsch von Mira Koffka
detebe 20903

Vater Goriot
Roman. Deutsch von Rosa Schapire
detebe 20904

Verlorene Illusionen
Roman. Deutsch von Otto Flake
detebe 20905

Glanz und Elend der Kurtisanen
Roman. Deutsch von Emil A. Rheinhardt
detebe 20906

Zwei Frauen
Roman. Deutsch von Gabrielle Betz
detebe 20907

Junggesellenwirtschaft
Roman. Deutsch von Franz Hessel
detebe 20908

Tante Lisbeth
Roman. Deutsch von Paul Zech
detebe 20909

Vetter Pons
Roman. Deutsch von Otto Flake
detebe 20910

Das ungekannte Meisterwerk
Erzählungen. Deutsch von Heinrich E. Jacob und Hete Maass. detebe 20477

Pariser Geschichten
Deutsch von Otto Flake
detebe 20896

Liebesgeschichten
Ausgewählt von Auguste Amédée de Saint-Gall. Verschiedene Übersetzer
detebe 20897

Mystische Geschichten
Verschiedene Übersetzer
detebe 20899

Das Mädchen mit den Goldaugen
Erzählung. Deutsch von Victor von Koczian. Mit einem Nachwort von Stefan Zweig
detebe 21447

Tolldreiste Geschichten
Deutsch und mit einem Nachwort von Herbert Kühn. Mit vielen Bildern von Gustave Doré. detebe 21751

Außerdem liegen vor:

Über Balzac
Zeugnisse und Aufsätze von Victor Hugo bis Somerset Maugham. Herausgegeben von Claudia Schmölders. detebe 20309

André Maurois
Das Leben des Honoré Balzac
Eine Biographie. Aus dem Französischen von Ernst Sander und Bruno Berger. detebe 21297

Theodor Fontane im Diogenes Verlag

Werkausgabe in 5 Bänden
Herausgegeben von Hans-Heinrich Reuter
Jeder Band mit ausführlichen Anmerkungen
und Nachwort

Gedichte · Erinnerungen · Aufsätze
Nachwort von Kurt Tucholsky
detebe 21074

Schach von Wuthenow · L'Adultera · Stine
Drei Romane. Nachwort von Werner Weber
detebe 21075

Irrungen Wirrungen · Frau Jenny Treibel
Zwei Romane. Nachwort von Otto Brahm
detebe 21076

Effi Briest
Roman. Nachwort von Max Rychner
detebe 21077

Der Stechlin
Roman. Nachwort von Thomas Mann
detebe 21073

Für Kinder:

Herr von Ribbeck auf Ribbeck im Havelland
Gedicht von Theodor Fontane. Mit Bildern
von Karin Blume
kinder-detebe 25098

Leo Tolstoi im Diogenes Verlag

»Tolstoi steht stark und fest, er hat eine Riesenautorität, und solange er lebt, wird aller schlechter Geschmack in der Literatur, alle mögliche Trivialität, ob frech oder tränenselig, wird alle struppige, zornentbrannte Eitelkeit weit und tief im Schatten stehen.« *Anton Čechov*

Anna Karenina
Roman. Aus dem Russischen von Arthur Luther. Mit einem Nachwort von Egon Friedell. detebe 21371

Meistererzählungen
Ausgewählt von Christian Strich. Deutsch von Arthur Luther, Erich Müller und August Scholz. detebe 21700

Krieg und Frieden
Roman. 4 Bände in Kassette. detebe 21970

Gesammelte Erzählungen in 6 Bänden:

Kindheit
Deutsch von Eva Luther. detebe 21357

Die Kosaken
Deutsch von Arthur Luther. detebe 21358

Der Schneesturm
Deutsch von Eva Luther. detebe 21359

Die Kreutzersonate
Deutsch von Arthur Luther, Erich Müller und August Scholz. detebe 21360

Hadschi Murat
Deutsch von Erich Boehme, Erich Müller und August Scholz. detebe 21361

Herr und Knecht
Volkserzählungen. Deutsch von Erich Boehme. detebe 21362

Eric Ambler im Diogenes Verlag

Ambler by Ambler
Eric Ambler's Autobiographie. Aus dem Englischen von Matthias Fienbork. detebe 21589

Der dunkle Grenzbezirk
Roman. Deutsch von Walter Hertenstein und Ute Haffmans. detebe 20602

Ungewöhnliche Gefahr
Roman. Deutsch von Walter Hertenstein und Werner Morlang. detebe 20603

Nachruf auf einen Spion
Roman. Deutsch von Peter Fischer
detebe 20605

Anlaß zur Unruhe
Roman. Deutsch von Franz Cavigelli
detebe 20604

Die Maske des Dimitrios
Roman. Deutsch von Mary Brand und Walter Hertenstein. detebe 20137

Die Angst reist mit
Roman. Deutsch von Walter Hertenstein
detebe 20181

Der Fall Deltschev
Roman. Deutsch von Mary Brand und Walter Hertenstein. detebe 20178

Schirmers Erbschaft
Roman. Deutsch von Harry Reuß-Löwenstein, Th. A. Knust und Rudolf Barmettler. detebe 20180

Besuch bei Nacht
Roman. Deutsch von Wulf Teichmann
detebe 20539

Waffenschmuggel
Roman. Deutsch von Tom Knoth
detebe 20364

Topkapi
Roman. Deutsch von Elsbeth Herlin
detebe 20536

Eine Art von Zorn
Roman. Deutsch von Susanne Feigl und Walter Hertenstein. detebe 20179

Schmutzige Geschichte
Roman. Deutsch von Günter Eichel
detebe 20537

Das Intercom-Komplott
Roman. Deutsch von Dietrich Stössel
detebe 20538

Der Levantiner
Roman. Deutsch von Tom Knoth
detebe 20223

Doktor Frigo
Roman. Deutsch von Tom Knoth und Judith Claassen
detebe 20606

Bitte keine Rosen mehr
Roman. Deutsch von Tom Knoth
detebe 20887

Mit der Zeit
Roman. Deutsch von Hans Hermann
detebe 21054

Die Begabung zu töten
Deutsch von Matthias Fienbork
detebe 21631

Als Ergänzungsband liegt vor:

Über Eric Ambler
Aufsätze von Alfred Hitchcock bis Helmut Heißenbüttel. Chronik und Bibliographie. Herausgegeben von Gerd Haffmans
detebe 20607

F. Scott Fitzgerald im Diogenes Verlag

Der große Gatsby
Roman. Aus dem Amerikanischen von Walter Schürenberg. detebe 20183

Der letzte Taikun
Roman. Deutsch von Walter Schürenberg detebe 20395

Pat Hobby's Hollywood-Stories
Erzählungen. Übersetzt und mit Anmerkungen von Harry Rowohlt. detebe 20510

Der Rest von Glück
Erzählungen. Deutsch von Walter Schürenberg. detebe 20744

Ein Diamant – so groß wie das Ritz
Erzählungen 1922–1926. Deutsch von Walter Schürenberg, Elga Abramowitz und Günter Eichel. detebe 20745

Der gefangene Schatten
Erzählungen 1926–1928. Deutsch von Walter Schürenberg, Anna von Cramer-Klett, Elga Abramowitz und Walter E. Richartz detebe 20746

Die letzte Schöne des Südens
Erzählungen. Deutsch von Walter Schürenberg, Elga Abramowitz und Walter E. Richartz. detebe 20747

Wiedersehen mit Babylon
Erzählungen aus dem Verlorenen Jahrzehnt 1930–1940. Deutsch von Walter Schürenberg, Elga Abramowitz und Walter E. Richartz detebe 20748

Zärtlich ist die Nacht
Roman. Neu übersetzt von Walter E. Richartz und Hanna Neves. detebe 21119

Das Liebesschiff
Erzählungen. Deutsch von Christa Hotz und Alexander Schmitz. detebe 21187

Der ungedeckte Scheck
Erzählungen 1931–1935. Deutsch von Christa Hotz und Alexander Schmitz. detebe 21305

Meistererzählungen
Ausgewählt und mit einem Nachwort von Elisabeth Schnack. Deutsch von Walter Schürenberg, Anna von Cramer-Klett und Elga Abramowitz. detebe 21583

William Faulkner im Diogenes Verlag

Brandstifter
Erzählungen. Aus dem Amerikanischen von Elisabeth Schnack. detebe 20040

Eine Rose für Emily
Erzählungen. Deutsch von Elisabeth Schnack. detebe 20041

Rotes Laub
Erzählungen. Deutsch von Elisabeth Schnack. detebe 20042

Sieg im Gebirge
Erzählungen. Deutsch von Elisabeth Schnack. detebe 20043

Schwarze Musik
Erzählungen. Deutsch von Elisabeth Schnack. detebe 20044

Die Unbesiegten
Roman. Deutsch von Erich Franzen detebe 20075

Sartoris
Roman. Deutsch von Hermann Stresau detebe 20076

Als ich im Sterben lag
Roman. Deutsch von Albert Hess und Peter Schünemann. detebe 20077

Schall und Wahn
Roman. Deutsch von Elisabeth Kaiser und Helmut M. Braem. detebe 20096

Absalom, Absalom!
Roman. Deutsch von Hermann Stresau detebe 20148

Go down, Moses
Chronik einer Familie. Roman. Deutsch von Hermann Stresau und Elisabeth Schnack. detebe 20149

Der große Wald
Vier Jagdgeschichten. Deutsch von Elisabeth Schnack. detebe 20150

Griff in den Staub
Roman. Deutsch von Harry Kahn detebe 20151

Der Springer greift an
Kriminalgeschichten. Deutsch von Elisabeth Schnack. detebe 20152

Soldatenlohn
Roman. Deutsch von Susanna Rademacher detebe 20511

Moskitos
Roman. Deutsch von Richard K. Flesch detebe 20512

Wendemarke
Roman. Deutsch von Georg Goyert detebe 20513

Die Freistatt
Roman. Deutsch von Hans Wollschläger, Vorwort von André Malraux. detebe 20802

Licht im August
Roman. Deutsch von Franz Fein detebe 20803

Wilde Palmen und Der Strom
Doppelroman. Deutsch von Helmut M. Braem und Elisabeth Kaiser. detebe 20988

Die Spitzbuben
Roman. Deutsch von Elisabeth Schnack. detebe 20989

Eine Legende
Roman. Deutsch von Kurt Heinrich Hansen. detebe 20990

Requiem für eine Nonne
Roman in Szenen. Deutsch von Robert Schnorr. detebe 20991

Das Dorf
Roman. Deutsch von Helmut M. Braem und Elisabeth Kaiser. detebe 20992

Die Stadt
Roman. Deutsch von Elisabeth Schnack detebe 20993

Das Haus
Roman. Deutsch von Elisabeth Schnack detebe 20994

New Orleans
Skizzen und Erzählungen. Deutsch von Arno Schmidt. detebe 20995

Briefe
Nach der von Joseph Blotner edierten amerikanischen Erstausgabe von 1977, herausgegeben und übersetzt von Elisabeth Schnack und Fritz Senn. detebe 20958

Als Ergänzungsband liegt vor:
Über William Faulkner
Aufsätze und Rezensionen von Malcolm Cowley bis Siegfried Lenz. Mit Essays und Zeichnungen und einem Interview mit William Faulkner. Chronik und Bibliographie. Herausgegeben von Gerd Haffmans. detebe 20098

Vitaliano Brancati im Diogenes Verlag

Walzertraum
Erzählungen. Aus dem Italienischen von Linde Birk. Leinen

Leonardos Freude
Roman. Deutsch von Jürgen Bauer
Leinen

Paolo der Heißblütige
Roman. Deutsch von Arianna Giachi
Mit einem Vorwort von Alberto Moravia und einem Nachwort von Alice Vollenweider. detebe 21385

Der schöne Antonio
Roman. Deutsch von Arianna Giachi
detebe 21724

Don Giovanni in Sizilien
Roman. Deutsch von Hans Hinterhäuser
detebe 21849

Patricia Highsmith im Diogenes Verlag

Suspense
oder Wie man einen Thriller schreibt
Broschur

Carol
Roman einer ungewöhnlichen Liebe. Leinen

Der Stümper
Roman. detebe 20136

Zwei Fremde im Zug
Roman. detebe 20173

Der Geschichtenerzähler
Roman. detebe 20174

Der süße Wahn
Roman. detebe 20175

Die zwei Gesichter des Januars
Roman. detebe 20176

Der Schrei der Eule
Roman. detebe 20341

Tiefe Wasser
Roman. detebe 20342

Die gläserne Zelle
Roman. detebe 20343

Das Zittern des Fälschers
Roman. detebe 20344

Lösegeld für einen Hund
Roman. detebe 20345

Der talentierte Mr. Ripley
Roman. detebe 20481

Ripley Under Ground
Roman. detebe 20482

Ripley's Game
Roman. detebe 20346

Der Schneckenforscher
Gesammelte Geschichten. detebe 20347

Ein Spiel für die Lebenden
Roman. detebe 20348

Kleine Geschichten für Weiberfeinde
detebe 20349

Kleine Mordgeschichten für Tierfreunde
detebe 20483

Venedig kann sehr kalt sein
Roman. detebe 20484

Ediths Tagebuch
Roman. detebe 20485

Der Junge, der Ripley folgte
Roman. detebe 20649

Leise, leise im Wind
Erzählungen. detebe 21012

Keiner von uns
Erzählungen. detebe 21179

Leute, die an die Tür klopfen
Roman. detebe 21349

Nixen auf dem Golfplatz
Erzählungen. detebe 21517

Elsie's Lebenslust
Roman. detebe 21660

Meistererzählungen
Ausgewählt von Patricia Highsmith
detebe 21723

Geschichten von natürlichen und unnatürlichen Katastrophen
detebe 21868

Als Ergänzungsband liegt vor:
Über Patricia Highsmith
Essays und Zeugnisse von Graham Greene bis Peter Handke. detebe 20818

Das Gesamtwerk
von Georges Simenon
erscheint im
Diogenes Verlag

»Da lesen ihn Hausfrauen und die experimentellen Lyriker; es lesen ihn die Stenotypistinnen und die Mythenforscher, die Automechaniker und die Atomphysiker… ja, ich kenne Texteverfasser von höchster Esoterik, die, wenn sie einmal ein Buch lesen wollen, ein richtiges Buch, Simenon lesen und nichts als Simenon, jede Zeile von ihm…« *Alfred Andersch*

»Er ist der beste Krimi-Autor unserer Tage. Er hat etwas von Edgar Allan Poe.« *Dashiell Hammett*

»Simenon erinnert mich an Čechov.«
William Faulkner

»Ich lese jeden neuen Roman von Simenon.«
Walter Benjamin